벤저민 그레이엄

세계 상품과 세계 통화

World Commodities and World Currency

벤저민 그레이엄

세계 상품과 세계 통화

벤저민 그레이엄 지음 | 김인정 옮김

| 일러두기 |

* 보유고: 가지고 있는 물건의 수량
* 완충재고: 경기가 불안정할 때 발생하는 충격을 완화해 주는 재고. 생산이 증가하여 가격이 떨어지면 생산물을 사들이고, 가격이 오르면 재고를 푼다.
* 평시, 평상시: 평화로운 때, 전쟁을 하지 않는 시기.

전우 프랭크 던스톤 그레이엄에게

"우리의 생산 능력에 내재된 풍요의 약속을
사회가 더욱 충실하게 달성하도록 돕는 것,
우리의 진정한 잠재적 생산성에 더욱 걸맞은 수준으로
생산과 고용을 유지하도록 돕는 것, 그리고 평화로운 민주주의가
지불할 수 있는 대가로 이를 확보하는 것. 이것이 전후 세계에서
실용적인 국가 경영의 가장 큰 임무일 것입니다."

재무부 차관 대니얼 벨 Daniel W. Bell
1943년 12월 16일 매사추세츠주 우스터 경제 클럽 연설 중

1937년 『비축과 안정』이 출간된 후 1938년부터 1944년까지 7년은 격동의 시기였다. 벤저민 그레이엄은 이 시기를 이용해 자신이 주장한 상품 준비 통화 계획의 장점과 단점을 되돌아보았다. 『세계 상품과 세계 통화』는 격동의 시기를 대하는 그레이엄의 반응이자 그가 예견한 미래에 적용하는 구상이다.

1938년, 길었던 대공황이 끝나갈 즈음 제2차 세계대전을 예고하는 전쟁의 먹구름이 몰려오고 있었다. 그 후 1942년부터 1946년까지 미국 경제는 엄격하게 규제되었다. 모든 가격이 동결되고 통화, 상품, 임금이 통제되었다.

전쟁이 막바지에 이르며 미국 재무부는 미국과 동맹국, 부유한 국가와 가난한 국가 간 경제적 신뢰를 정상화하기 위해서 금융 부문에 어떤 변화가 필요한지 연구를 시작했다. 1944년 브레튼우즈 회의에서 미국과 영국은 새로운 국제기구 두 곳을 설립하자는 데 의견을 모았다. 장기 융자를 제공하는 세계은행World Bank이 탄생했고, 세계 각국이 합리적이고 안정적인 환율로 교역을 재개할 수 있도록 국제통화기금International Monetary Fund이 고안되었다. 이 시기 그레이엄의 연구는 대부분 이러한 통화의 발전, 즉 국제 통화 및 환율과 관련된 변화와 그에 관한 논의 및 합의에 따라 형성되었다.

세계은행과 IMF의 안정화 노력을 뒷받침할 수 있도록 원자재 기반 준비 통화를 개발하고 관리하는 기구를 미국 내에 만들지는 못했다. 안타깝게도 의회의 지원이 제한적이었기 때문이다. 그럼에도 불구하고 세계은행과 IMF는 지난 50년 동안 훌륭한 성과를 거두었다(현재 IMF는 국민총생산 규모가 작은 181개 회원국을 두고 있다. 30개의 통화로 1,080억 달러 이상을 대출해 주었고 아직 상환되지 않은 대출은 단 두 건에 불과하다). 지난 50년간 통화 시장과 물가 패턴이 그레이엄의 이론과 상당히 일치한 것은 놀라운 일이 아니다.

최근의 통화 위기는 IMF의 지원이 여전히 중요하다는 것을 입증했다. 1997~1998년 동남아시아 외환위기 당시 여섯 개 국가가 도움을 받았다. 위기를 초래한 금융 부문의 과오 대부분을 시정하겠다는 해당 국가의 약속이 있고 난 뒤 자금이 제공되었다.

이들 국가의 무역수지는 양호했고 자연 저축률도 높았다. 그러나 과도한 레버리지와 토지 및 건물에 대한 미심쩍은 투기가 결합하여 통화 가치의 하락을 유도했다. 일부 국가의 통화 가치는 기준통화의 50~80% 미만으로 떨어졌다. 이 책의 주장처럼 세계 원자재 비축분과 같은 유동 보유고Liquid Reserves가 이들 통화를 뒷받침했다면 이처럼 상황이 심각해지기 전에 통화 가치 하락을 멈출 수 있었을 것이다.

벤저민 그레이엄이 오래전 관찰했듯이 산업은 주기를 타며 순환한다. 금광 산업은 전통적으로 경기 변동에서 예외였는데 꾸준한 수요에 힘입어 생산량과 수익을 안정적으로 유지해 왔다. 그러나 신규 광산이 경제적 한계에 직면함에 따라 금광 산업조차도 취약성에 직면하고 있다. 세계의 중앙은행은 금 보유량을 줄이고 있다. 전 세계는 비생산적인 금속보다 유용한 가치 저장 수단을 찾고 있다. 이 책과 『비축과 안정』에서 그레이엄이 주장한 이론을 되돌아보면 더 나은 식량, 저렴한 주택, 신뢰할 수 있는 일자리 등 인간의 기본적인 욕구와 관련된 비축 가능한 재화의 보유에서 대안을 찾을 수 있다. 비축을 위한 생산은 식품과 원자재의 공급을 보호하는 동시에 많은 새로운 일자리를 창출하는 경향이 있다.

그레이엄의 기본 이론은 이러한 비축 시스템이 완충재 역할을 한다는 것이다. 비축 대상 상품의 가격이 하락하기 시작하면 비축 시스템의 관리자가 구매해 가격을 지지할 수 있다. 가격이 상승하기 시작하면 팔아서 가격을 낮출 수 있다. 하지만 이는 세계 상품 바스켓 안에서만 이루어지므로 상품 가격을 안정시키는 것은 곧 통화 가치를 안정시키는 것이다.

이 이론을 현재에 적용한 것이 유럽 공동 통화인 유로화다. 유럽공동체European Community는 이 공동 통화를 사용할 11~15개 국가를 통합할 계획이다. 앞으로 몇 년 안에 발행될 유로화는 궁극적으로 각 회원국의 통화를 대체할 것이다(어빙 칸이 이 글을 쓴 것은 1998년이고, 유로화 지폐가 세상에 나온 건 2002년 1월 1일이다. 옮긴이 주). 통화 동맹에 가입하기 위해서는 GDP 대비 부채 비율에 관한 엄격한 기준을 충족해야 한다.

비축 보유고를 활용해 유럽을 지원하는 데는 이러한 비축분을 조성하고 유지하는 데 필요한 많은 일자리에서 발생하는 추가 수입부터 시작해서 여러 이점이 있다. 이런 잠재적 이점을 고려하는 것은 분명히 중요하다.

안타깝게도 세계의 주요한 문제 대부분은 각국의 경제 시스템으로도 여전히 해결되지 않았다. 수억 명에 달하는 실업자는 부의 저장고이다. 그러나 이들이 필요로 하는 것은 사실상 무한하다. 벤저민 그레이엄은 비축 시스템이 이 문제를 해결하는 데 도움이 될 수 있다고 보았다. 경제가 둔화하고 가격이 하락하기 시작하면 비축 시스템이 구매에 나설 것으로 예측했기 때문이다. 이는 수요를 증가시키고 일자리를 떠받칠 것이다. 언제나 수요가 존재하는 기초 소재를 생산하기 위해서는 공장에서 사무실, 실험실에 이르기까지 비숙련 노동자를 필요로 한다. 이것이『세계 상품과 세계 통화』의 핵심 전제다.

대공황 시기에 대두된 다양한 경제적·사회적 과제는 공공사업추진청Worlds Progress Administration과 민간보존단Civilian Conservation Corps등이 만든 것과 같은 수백만 개의 유용한 일자리를 창출하는 원동력이 되었다. 또한 이러한 일자리 덕분에 노동자는 새로운 기술을 배웠고 유용한 공공 시설물이 건설되었다. 그 가운데 많은 기술이 지금도 활용되고 있다. 우리는 상품 비축 시스템을 이용해 화폐의 가치를 지지할 수 있다(인플레이션 통제). 따라서 반드시 불황이 아니더라도 공공사업추진청이나 민간보존단이 했던 것과 같이 민간 부문에서 유용한 일자리 창출이 가능하다. 오늘날의 복지 급여는 납세자로부터 실직자에게 자금을 이전하는 것이지 새로운 제품을 공급하는 것은 아니다. 완전 고용을 달성하려면 인플레이션을 방지하고 물가를 안정시켜야 하며 팽창적 재정 정책이 고려되어야 한다.

자유 시장은 단기적으로는 잘 작동하지만, 주기적으로 장기 계획의 지원이 필요하다. 상품 보유고와 같이 가용 자산을 축적하는 것은 우리의 부를 더하는 일이다. 표준 원자재는 가치가 안정적인 경향이 있다. 역사적으로 표준 원자재 지수는 완제품 지수보다 좁은 범위에서 등락을 거듭한다.

새로운 밀레니엄을 앞둔 지금, 벤저민 그레이엄의 이론과 해법, 조언이 당시와 마찬가지로 여전히 시의적절하다는 사실에 놀라움을 금할 수 없다. 그레이엄이 모든 세부 사항까지 예견한 것은 아니지만 분명히 그의 가정과 동일한 패턴이 나타나고 있다. 여기에서 21세기 경제 구조를 변화시킬 세 가지 주요 동력을 예상할 수 있다. 이미 그 모습을 드러냈으며 더욱 힘을 키우고 있는 세 가지 동력은 다음과 같다.

첫째, 수백만 대의 컴퓨터가 전 세계의 소통 경로를 연결하기 시작했다. 이로써 세계 금융 거래와 무역이 확대될 것이다. 전산화 비용은 급격히 하락하는 반면 컴퓨터의 성능은 향상되고 속도는 빨라지고 있다. 전산화는 대부분 유익하지만, 위험도 존재한다. 상용 자원이 경제를 뒷받침하지 않으면 컴퓨터를 이용한 거래는 불안정한 대규모 움직임으로 이어질 수 있다.

둘째, 전 세계적으로 여성이 정부와 산업계의 고위직 및 임원직에 진출하는 사례가 늘고 있다. 전통적으로 여성은 좀 더 장기적인 가치와 사회적 필요를 인식하며 '사람 위주'로 생각한다.

셋째, 개발도상국 여성들은 좀 더 운이 좋은 이웃나라 여성의 모습을 보고 같은 혜택을 누리기 위해 일하고 저축하며 생활 수준을 끌어올린다.

컴퓨터를 이용한 소통과 관리는 금융 시장을 불안정하게 만들 수 있으므로 허용해서는 안 된다. 금융 시장에 안정성을 유지하는 데는 비축 계획이 도움이 될 것이다. 비축 계획은 경기 주기의 양극단을 제한하는 동시에 일자리를 확대해 남성과 여성 그리고 개발도상국의 우려를 해소하는 길을 열어줄 것이다.

벤저민 그레이엄이 직접 쓴 서문에서 시작해 전체를 읽어나가기를 권한다. 그레이엄의 합리적인 결론이 우리에게 필요한 해답을 제공할 것이다.

1998년 6월
어빙 칸Irving Kahn
칸 브라더스 창립자

| 서문 |

본 연구의 주제는 원자재에 관한 세계 계획이다. 특히 전후 경제postwar economy의 확장과 합리적인 안정이라는 목표를 달성하기 위한 '비축' 또는 '비축 기법의 가능성'을 발전시키고자 한다. 필자의 주된 의도는 이러한 목표를 달성하기 위해서 구체적인 계획을 제시하고 설명하는 것이다. 따라서 이 책은 본질적으로 1937년에 출판된 『비축과 안정Storage and Stability』에서 제시한 계획을 국제적 영역에 적용한 것이다.

상품 보유고commodity reserves, 保有高는 경제 정책의 세 가지 주요 영역에서 중요한 역할을 할 수 있다.

첫째, 당연히 국민의 안전과 복지를 위한 '원자재 재고 비축raw-material stockpiles'이다. 현재 상황에서는 미래의 전쟁에 대비해 이러한 재고의 가치를 강조하는 것이 당연하지만 평상시를 위한 원자재 비축 시스템은 더욱 광범위하고 고무적인 용도로 사용될 수 있다.

둘째, '가격의 안정화'다. 정확히 말하면 기초원자재 가격 수준의 파괴적인 단기 변동을 방지하는 것이다. 무역 사이클의 진폭을 줄이고, 깊은 불황을 피하고, 높은 고용 수준을 유지한다는 광범위한 목표에서 가격 안정화는 핵심적인 요소이다.

이 시점에서 우리는 전후 경제의 가장 중요한 문제에 직면한다. 이 문제는 합리적인 안정성과 광범위한 확장이라는 양립하기 어려워 보이는 두 가지 목표 사이의 갈등에서 비롯된다. 현대 비즈니스에서 호황은 불황을 불러온다. 광범위한 확장이 상업 시장에 공급 과잉과 불안정을 초래하기 때문이다. 20세기 전투에서 불안정을 해소하기 위한 주요 무기는 생산량과 판매량을 제한하는 것이었다. 지금도 마찬가지다. 풍요를 제거하여 풍요의 폐해를 바로잡으려고 노력하고 있다. 경제 기구에서 획기적인 기술적 개선 방안을 고안해 내지 못한다면 더 나은 무기를 찾지 못한 전후 세계는 불만족스러운 무기에 다시 의존할 것이다. 즉 확장을 선전하고 카르텔화를 실행할 것이다.

셋째, '통화 정책'이다. 특히 건전하고 적절하며 안정적인 세계 통화를 확립하는 것이다. 여기서 가장 중요한 점은 우리가 이미 가지고 있는 것을 기반으로 한다. 금의 화폐적 용도를 최대한 보존해야 하며 제한적이더라도 은에 내재된 통화 가치를 무시해서는 안 된다. 이 외에도 세계는 기본적이고 내구성 있는 상품을 '통화준비금monetary reserves'으로 활용할 수 있다. 그리하여 광범위한 확장을 촉진하고, 합리적인 수준에서 가격을 안정화하고, 비非파괴적이고 유용한 재고를 비축하고, 농민과 원재료 생산국에 충분한 구매력을 창출하고, 대외 무역을 촉진하고 무역수지 균형을 달성하며 통화 가치를 안정화하는 등 전후 주요 문제를 해결하는 데 단번에 강력하게 기여할 수 있다.

이 원대한 주장은 오해하거나 과장되어서는 안 된다. 앞서 제시한 목표를 성공적으로 수행하기 위해서는 상품 보유고를 구축하는 것 외에 또 다른 계획과 기구가 필요하다. 세계는 상품 보유고로 해결하기 어렵거나 해결할 수 없는 또 다른 정치적, 경제적 문제에 직면할 것이다.

미국의 막대한 금 보유고는 자만심과 자부심, 당혹감과 실망에서 조롱에 이르기까지 복합적인 감정을 불러일으켰다. 가장 유용한 교훈이 좋은 본보기가 될 것이다. 금준비제도는 세계가 금보다 훨씬 더 중요한 것을 필요로 하는 전시가 아니라면 금광 산업의 안정과 확장, 완전 고용을 의미한다. 기초 상품을 대상으로 한 이와 유사한 준비제도는 전 세계의 모든 1차 산업의 합리적인 안정성, 균형 있는 확장, 높은 수준의 고용을 의미할 수 있다. 여기에 더해 평상시에는 최소한 금만큼 유용하고 전시에는 금보다 헤아릴 수 없이 더 큰 가치를 지닐 국가 보유고를 생성할 것이다.

이 책이 인쇄되는 동안 뉴햄프셔 브레턴우즈에서 국제통화금융회의가 개최되었다. 회의에서 기술적 난관을 극복하여 세계통화기금과 세계자본은행을 설립한다는 합의를 도출했다. 통화기금은 이 책의 후반부에서 설명하는 이른바 '전문가 계획'에 명시된 방식을 따른다.

필자의 국제 상품준비통화 제안은 회의 의제에 포함되지는 않았지만 위원회의 관심을 얻었고 위원회는 이에 관한 연구를 계속하기로 했다. 상품준비통화는 의구심과 비판을 불러일으킨 국제통화기금 계획의 취약한 요소를 보완하고 기금의 성공적인 운영에 기여할 수 있다. 이 계획은 금뿐만 아니라 기초 상품의 세계 가격 수준을 안정시킬 것이므로 일부 국가가 우려하는 문제, 즉 경직된 금 본위제가 세계 곳곳으로 디플레이션과 불황을 확산시키는 것을 방지할 수 있다. 상품준비통화는 1차 생산국이 재화를 이용해 재화의 대금을 지불하는 능력을 크게 향상하여 국제통화기금의 신용 운영을 무역수지 흑자국이 쉽게 수용할 수 있는 범위 내로 억제할 것이다.

이번 통화 회의에서 쿠바를 필두로 한 원자재 국가들은 통화 안정과 함께 원자재의 안정화를 고려할 것을 촉구했다. 이제는 익숙한 국제상품협정을 활용하여 원자재의 안정화를 달성할 수 있을지도 모른다. 그러나 세계가 수용하기 어려운 어느 정도의 축소와 카르텔화를 대가로 치러야 할 것이다. 따라서 제한주의적 협정보다는 '완충재고buffer stock'를 통해 접근해야 한다는 것이 이 글의 논지다. 이런 점에서 상품 보유고 제안은 핫스프링스와 브레턴우즈 회의 사이의 가교 역할을 한다. 식량 회의는 식량 공급과 가격 구조를 안정시키는 농산물 완충재고의 역할을 강조했다. 여기서는 완충재고의 범위를 산업재까지 포괄하여 국제 통화 시스템으로 통합할 것을 제안한다. 이를 통해 비교적 간단한 방법으로 '외환 안정' '합리적 가격 안정' '보호적 비축' 그리고 '유용한 재화의 전 세계 생산 및 소비의 균형 있는 확장'이라는 네 가지 목표를 달성할 수 있을 것이다.

원고와 표를 작성하는 데 많은 도움을 준 어빙 칸Irving Kahn과 유용한 조언을 제공한 루이스 빈Louis Bean에게 감사의 마음을 전한다.

1944년 9월 뉴욕시에서

벤저민 그레이엄

| 차례 |

World Commodities and World Currency

Benjamin Graham

1장

원자재 문제

Benjamin Graham

"지구가 내어주는 선한 풍요로움에 '잉여'라는
수식어를 붙이고 두려워하는 것은 분별력의 경계를 넘어선 것이다."

헨리 리스턴 Henry M. Wriston **『자유에 대한 도전**Challenge to Freedom**』**

원자재의 기본적인 문제는 '안정'과 '확장'을 어떻게 조화시켜야 하는가이다. 이 두 가지 목표는 매우 중요하지만 본질적으로 양립할 수 없는 것처럼 보인다. 다양한 안정화 조치가 개발되었지만 근본적으로는 모두 '판매'와 '생산 제한'에 중점을 두는 듯하다. 반면에 보편적으로 공감하는 '생산 확대'라는 이상은 실현하기가 매우 어렵다는 것이 입증되었다. 붕괴와 혼란을 초래하지 않고 생산량을 꾸준히 늘리는 일은 오로지 전쟁 상황이라는 수요의 압박이 있을 때만 가능했다.

안정과 풍요 사이의 갈등을 해결하는 것은 전후 세계의 과제이다. 쉬운 일은 아니지만 불가능하다고 말해서는 안 된다. 갈등 해결에 필요한 모든 경제적 요소를 인간이 충분히 통제할 수 있다는 사실이 가능성을 입증하기 때문이다. 간단한 문제였다면 이미 오래전에 극복했을 것이다. 낡은 기법을 개선해야 하고 어느 정도 혁신이 필요하다는 것도 분명하다. 안타깝게도 경제학에서 혁신에 대한 의심은 다른 분야보다 더 클 수밖에 없다. 실험실이나 파일럿 공장에서 실험적으로 시도해 볼 수 없기 때문이다. 어떤 구상이 실행 불가능하거나 불건전하다고 판명되면 국가 전체가 그 결과를 감당해야 한다. 경제학에는 많은 청사진이 존재한다. 그러나 청사진의 실용화 여부를 결정하는 것은 오로지 필요성뿐이다.

전후 세계를 이끌어 가야 하는 이들은 이러한 필요성에 직면했다. 전 세계 사람들에게는 평상시에 충분한 자원 활용이 보장되었다. 막대한 전쟁 물자를 생산하는 것이 자원을 충분히 활용했다는 것을 입증한다. 전쟁이 끝난 후에도 실질적으로 완전 생산을 달성해야 한다. 또한 익숙해진 거품과 깊은 불황의 여파 없이도 그 생산을 유지해야 한다. 미래 세계의 인류는 자연의 가혹함에서 비롯된 재난이라면 인내심을 갖고 견딜 것이다. 그러나 지도자들의 무능에서 비롯된 재난은 받아들이지 않을 것이다.

세계 경제 상황을 받아들일 수 있는 것으로 만들기 위한 '전투'는 다방면으로 전개된다. 그중에서도 가장 중요한 것이 원자재 영역이라 할 수 있다. 원자재는 경제 구조의 기본 구성 요소인 동시에 가장 거센 경제적 폭풍을 낳는 분야이다. 원자재 문제에 관한 우선순위는 국제 현장에서 자명하다. 우리는 세계의 제조 및 도소매 문제에 대한 명확한 구상은 갖고 있지 않다. 재정 문제는 흔히 국제적인 차원에서 검토되지만 제시되는 해결책은 대개 특정 국가의 상황에 맞춰져 있는 경우가 대부분이다. 그러나 원자재와 관련한 중요한 문제는 항상 전 세계 무역 그리고 세계 수요와 공급의 불균형을 배경으로 발생하는 듯하다.

제1차 세계대전 이후 이루어진 국제적 논의에서 이 문제가 강조된 것만 보아도 세계 경제 사상에서 원자재가 차지하는 중요성을 알 수 있다. 국제연맹League of Nations은 1921년과 1937년 두 차례에 걸쳐 원자재 문제를 공식적으로 조사했다. 1939년에는 국제연맹 산하 연구소에서 광범위한 연구를 수행했다.[1] 특정 상품(소고기, 커피, 고무, 설탕, 차, 주석, 밀 등)의 세계 교역을 안정시키기 위한 최소 7건의 평시peacetime 협정에 각국 정부가 참여했다. 모두 원자재와 관련된 협정으로, 공산품이나 서비스 분야에서 주권 국가들이 이와 유사하게 협력한 사례는 없었다. 대서양헌장The Atlantic Charter은 4항에서 "모든 국가가 세계 무역과 원자재에 동등한 조건으로 접근하고 더욱 폭넓게 누릴 것"을 약속한다. 새로운 세계 질서의 초석이 된 이 헌장에는 1차 상품primary commodities의 기본적 지위에 관한 구체적인 언급이 담겨있다.

세계가 직면한 원자재 분야의 문제는 무엇인가? 이 문제는 다른 주요한 경제 문제와 어떻게 구분되고, 어떤 영향을 미치는가?

원자재에 관한 여러 가지 문제는 다양한 연구를 통해 언급되었다. 모든 문제 하나하나가 주제를 더욱 복잡하게 만들었다는 사실에는 의심할 여지가 없다. 주제에 좀 더 효과적으로 접근하기 위해 특히 중요한 세 가지 문제에 집중해 보자.

① 국민이 소비하고자 하는 만큼의 기초 상품basic commod ities을 수입할 능력이 없는 국가의 빈곤 문제
② ㄱ. 근본적인 유효 수요 부족, ㄴ. 생산과 소비 사이클의 불균형으로 인한 원자재 가격의 불안정성
③ 자급자족 신조와 경제 민족주의 원칙에 따라 수입을 가로막는 모든 종류의 무역 장벽

세 가지 문제는 분명히 서로 연관되어 있지만 개별적으로 검토하고 토론할 수 있다. 특정 상품이 문제의 다양한 측면을

더욱 명확히 보여줄 수도 있다. 우리는 커피를 택했다. 지난 40년 동안 가장 광범위한 문제가 발생하고 해결책이 제시된 상품이 바로 커피였기 때문이다.

본질적인 과잉 생산

원자재의 첫 번째 문제는 간단하다. (대부분의) 원자재 생산 능력이 전 세계적으로 판매, 수출, 수입 및 소비할 수 있는 규모를 초과한다는 것이다. 그러나 이 문제는 보이는 것처럼 단순하지 않다. 물리적인 생산 능력은 어째서 재정적인 소비 능력으로 이어지지 못할까? 고전학파 경제학자들이 주장하듯이 생산이 곧 구매력이라면 생산된 상품의 총합은 언제나 충분한 구매력을 창출해 소비로 이어져야 한다. 또한 일부 국가가 다른 국가보다 부유하다는 사실이 생산량과 현금 소득의 기본 방정식을 흔들어 놓아서도 안 된다.

전 세계 커피 소비량이 생산량에 못 미치는 이유가 세계의 고질적인 빈곤 때문일 리는 없다. 또한 인류의 식욕이 포화 상태이기 때문도 아닐 것이다.[2] 원인은 따로 있다. 각 상품의 생산이 불균형하다는 것이 첫 번째 원인이고 기존 가격 구조에서는 생산량 확대가 불가능하다는 것이 두 번째 원인이다. 중남미의 커피 경작 상황은 생산 불균형을 명확히 보여준다. 남미는 세계 전체 생산과 소비 수준, 즉 생활 수준과 비교했을 때 전 세계가 소화할 수 있는 양보다 훨씬 많은 커피를 생산해 왔다. 커피는 지구의 풍요로운 산물을 파괴해야 하는 현대 경제학의 궁극적인 부조리를 보여준다. 극심한 불황이 닥쳤을 때뿐만 아니라 계절마다 매번 작황이 좋을 때든 나쁠 때든 커피는 불에 타서 사라졌다. 1931년부터 1943년까지 7500만 자루 이상이 소각되었다. 이는 4500만 톤 이상으로 전 세계가 4년 동안 소비할 수 있는 양이다.

그러나 모든 국가가 미국과 같은 1인당 국민소득을 누리거나 미국인 1인이 소비하는 양의 절반만 커피를 소비한다고 해도 브라질을 비롯한 중남미 국가들의 생산량은 전 세계 수요에 맞춰 공급하기에 턱없이 부족하다. 그런 면에서 "특정한 분야의 과잉 생산을 해결하는 최선의 방법은 다른 모든 분야를 전반적으로 확장하는 데 있다"라는 보수 경제학자들의 주장은 타당하다. 커피는 생산량을 없애고 억지로 경제적 균형을 유지하고 있다. 이론적으로는 세계 총생산량과 총소득이 증가했다면 훨씬 더 나은 균형을 찾을 수 있었을 것이다. 전쟁 전부터 만성적인 과잉 공급에 시달렸던 밀, 설탕, 면화도 마찬가지이다.

다른 모든 분야에서 전반적 확장이 이루어질 때 걸림돌이 되는 것은 무엇일까? 돈, 자본, 신용, 신뢰, 자유무역, 지구의 평화 그리고 사람들 사이의 선의 등 부족한 여러 가지를 답으로 제시할 수 있다. 그러나 더욱 미묘한 원인이 분명히 존재한다. 확장 과정 자체에 내재된 확장을 방해하는 장애물, 투기적이고 불안정한 요소에 대한 의존성, 상업용 재고가 증가하여 위협이 되는 경향, 신용 공급을 꾸준히 확대해야 할 명백한 필요성, 즉 계속해서 증가하는 부채 등이 그것이다. 세계는 상업 및 금융 혼잡을 초래하지 않으면서 균형 있게 확장하는 기술을 아직 배우지 못했다.

우리는 전쟁의 영향 속에서도 생산량을 경이적으로 늘리는 데 성공했다. 이러한 성과는 전 세계의 진지한 사상가들에게 평화로울 때도 이와 유사한 풍요를 달성하겠다는 결의를 불러일으켰다. 그러나 전시와 평시 생산 사이에는 두 가지 큰 차이가 있다. 첫째, 전쟁 물자는 만들기만 하면 되지만 평시에는 만들어서 팔아야 한다. 둘째, 전시에는 돈이 문제가 되지 않는다. 국가가 필요로 하고, 생산이 가능하다면 국가는 세금, 저축, 인플레이션 차입을 비롯해 어떤 방식으로든 비용을 감당한다.

책임져야 하는 자리에 있는 사람들은 평시에 완전 생산과 완전 고용을 유지하는 문제에 관해 이런 수준의 해결책을 받아들일 준비가 되어 있지 않다. 전시 통제 및 재정 정책에 근접한 정도의 해결책은 더더욱 생각하지 않는다. 국가 부채를 적당한 수준에서 꾸준히 확대하는 것을 경제 정책 수단으로 받아들일지에 대해 여전히 논란의 여지가 많다. 확실히 일반 대중은 국가의 부채를 늘려서 근본적인 문제를 치료할 수 있다는 생각을 믿지 않는다. 어쨌든 전쟁 준비를 위한 막대한 차입이 정상적이고 지속적인 관행이 될 수 없다는 것은 분명하다.

미국이 아니라 전 세계 차원에서 이 문제를 본다면 내수 확대의 원천으로서 재정 적자를 지속하는 데 대한 반대론은 더욱 단호해질 것이다. 새로운 부채를 누가 얼마만큼 부담해야 하는지는 끝없는 논쟁의 대상이 될 것이다. 계속해서 늘어나는 국내외 차입의 총계는 새로운 스트레스와 붕괴를 초래할 수밖에 없다.

평시에 전시와 같은 정부의 재정 지출을 통해 지속적으로 화폐소득money income*을 늘린다고 해도 경제 발전의 목표인 '생산과 소비의 균형 있고 꾸준한 확장'과는 거리가 먼 결과를 낳을

* 인플레이션이나 디플레이션에 따른 화폐의 구매력 변화를 고려한 실질 소득과 달리 화폐로만 측정된 소득-옮긴이

수 있다. 국민들의 소비와 저축 습관 사이에는 여전히 큰 불균형이 존재할 수 있다. 또한 재고 총량과 자본재 수요의 커다란 차이가 경기 사이클의 변동성을 당혹스러울 정도로 크게 확대시킬 수 있다. 생산, 소비, 투자 활동에 대한 정부의 전시 명령이 평시에도 이어진다면 이러한 어려움은 극복할 수 있을 것이다. 그러나 그런 식의 통제는 충분한 협력이나 대중의 지지를 얻지 못하고 실패한다. 설령 성공한다고 해도 좀 더 풍요로운 삶을 위해 치러야 할 대가라고 하기에는 너무 지나치다.

과거의 분쟁과 달리 오늘날 전시 경제war economy의 많은 요소는 미래의 평시에도 유지될 가능성이 매우 높다. 정부는 전후의 폭발적인 호황과 전통적인 불황을 모두 방지하기 위해 모든 통제 장치를 동원할 것이다. 균형 있는 확장과 상당한 경기 안정성을 달성하기 위한 기본 수단은 가능한 한 평시 분위기와 심리에 적합해야 한다. 개인의 경제적 선택에 대한 간섭을 최대한 줄이고 건전한 재정 정책의 규범을 최대한 고수한다. 이 두 가지는 세계 평화와 번영을 계획하는 사람들이 준수해야 할 분명한 원칙이다.

구매력 부족은 모든 유형의 재화 및 서비스에 영향을 미치며 특별히 원자재에만 해당하지 않는다. 그러나 앞서 논의한 내용은 원자재에 관한 세 가지 주요 문제 가운데 첫 번째, 즉 원자재를 구매할 때의 어려움과 밀접한 관련이 있다. 이 문제는 세계에서 생산되는 원자재 전체에 해당한다. 이 문제를 효과적으로 해결할 방법이 있을 것이다. 1차 상품primary commodities의 종류는 상대적으로 적지만 경제 전체에서 상당한 부분을 차지한다. 따라서 완제품보다 원자재 분야에서 해법을 적용하는 편이 더 쉬울 것이다. 그 방법이 무엇인지는 추후에 검토할 주제로 남아 있다. 여기서는 전시 수요와 전쟁 자금 조달이라는 손쉬운 해결책이 평시에 쉽게 모방할 수 없는 것이라는 사실만 지적하겠다.

불안정한 가격

두 번째 문제는 불안정한 원자재 가격이다. 이것은 앞서 논의한 수요 부족의 결과이다. 적어도 부분적으로는 그렇다. 그러나 가격 불안정은 그 자체로 경제를 교란하는 원인이다. 예를 들어 전 세계 커피 생산량이 평상시 3500만 자루이고 소비량은 2800만 자루에 그친다는 사실이 인류가 직면한 유일한 문제라면 불균형이 불만스러울 수는 있어도 그로 인해 위기와 파멸이 오지는 않을 것이다. 그러나 가격 붕괴는 이익 창출 능력뿐만 아니라 부채 상환 능력 등 사업 재무 구조 전반을 약화시킨다.

불황이 깊을 때는 일반적인 영업적자가 아니라 심각한 가격 하락으로 인한 재고 손실에서 가장 큰 피해가 발생한다. 이런 현상이 가장 극심한 분야가 원자재이다. 또한 1차 상품 가격 약세는 완제품 가격 하락을 유발한다.

가격 붕괴가 원자재 생산과 수출에 크게 의존하는 국가에 미치는 영향은 무엇보다 심각하다. 국민 소득 감소와 국민 생활 수준 저하는 치명적이다. 대외 채무 불이행, 완제품 수입의 심각한 감소, 새로운 무역 기회 제한, 통화 가치 하락 등은 피할 수 없는 결과이다. 합리적인 선에서 주요 원자재의 가격을 안정시켜야 한다는 데는 대부분 공감한다. 문제는 비슷한 정도의 새로운 문제를 일으키지 않고 목표를 효과적으로 달성할 수 있는지 여부와 실행 방법이다.

우리는 생산이 유효 수요를 초과하는 경향을 가격 불안정의 한 가지 원인으로 지적했다. 이러한 경향이 만성적이라면 어째서 원자재 가격이 지속적으로 하락해 0에 수렴하지 않은가 하는 의문이 들 수 있다. 물론 그 이유는 가격이 하락하면 대개 정부 주도로 생산량 감축이나 생산물 폐기, 농작물 대출, 수출 장려금과 같은 대응책이 나오기 때문이다. 마지못해 폐업을 택하는 생산자들도 있다. 반면 가뭄과 병충해로 작황이 나빠져 공급 부족이 발생하기도 한다. 무엇보다도 두 차례의 세계대전으로 인해 공급 과잉에서 일시적인 공급 부족으로 균형이 틀어졌다.

전쟁 수요 다음으로 원자재 가격에 가장 큰 변화를 가져온 것은 경기 사이클의 큰 변동이었다. 평화로운 시기 경기 사이클의 움직임에서 전쟁의 영향을 따로 분리하기는 쉽지 않다. 특히 1919~1920년의 전쟁 후 투기적 가격 상승과 1921~1922년의 대폭락은 전쟁의 영향과 무관하지 않다. 그러나 1931~1932년의 더 큰 폭락과 1937~1938년의 심각한 침체는 분명히 현대 상업적 사이클의 산물이다. 상품 가격 약세가 경기 침체의 원인인지 아니면 결과인지 묻는다면, 가격 하락은 악순환의 원인인 동시에 결과라고 분명히 답할 수 있다. 좀 더 정확히 지적하면, 경기가 하강하는 초기에는 주식 시장 붕괴 등 다른 사건의 결과로 상품 가격이 약세를 보일 가능성이 크다. 그러나 초기 단계가 지나면 상품 가격 하락이 불황을 심화시키는 주요 요인 중 하나가 된다.

1939년에 불안정한 가격 사이클이 새로 시작되었다. 이 사이클에서 미국 기초원자재 가격은 1943년 말까지 79% 상승했다.[3] 전쟁이 끝나기 전까지 가격은 더욱 상승할 수 있고 전후 재건 기간에는 통제가 느슨해지며 더욱 큰 폭으로 가격이 치솟을 위험이 있다. 현실성은 거의 없지만 전면적인 통화 인플레이션이나 달러 회피 가능성도 있다.[4] 화폐가 이미 구매력을 잃은 많은 국가의 경우 전쟁이 끝난 뒤 완전히 새로운 가격 수준과 패리티parity 환율*, 혹은 둘 중 하나라도 반드시 달성해야 한다.

위협적인 인플레이션에 대한 뿌리 깊은 두려움과 함께, 미국에는 수입에 대해서도 심각한 우려가 존재한다. 많은 사업가와 경제학자는 복구가 완료되고 민간 상품 생산력이 본궤도에 오르면 익숙한 사이클이 반복될 것으로 예상한다. 즉 다소 둔화된 수요, 크게 확대된 생산량, 과도하게 늘어난 재고의 조합이 가격 약세, 심각한 경기 불황 그리고 광범위한 실업이라는 피할 수 없는 결과를 낳는다는 것이다.

1944년 1월, 물가관리국Office of Price Administration 경제 고문 리처드 길버트Richard V. Gilbert는 매우 비관적인 예측을 내놓았다. 그는 단순히 초과 근무가 사라지고 전쟁 산업에서 평화 산업으로 고용이 전환되는 것만으로도 노동자들의 구매력이 150억~200억 달러 이상 줄어들 것으로 예상했다. 더 나아가 고용이 10% 감소하고 임금이 추가로 10% 하락한다고 가정하면 구매력이 300억~350억 달러까지 감소할 것이라는 우려를 표했다. 이 정도 규모

* 달러화와 일 대 일 등가 교환되는 환율

라면 미국 경제에 중대한 위협이 될 수 있다.

국가자원기획위원회National Resources Planning Board는 미국에 번영과 불황이 공존할 수도 있다고 경고했다. 위원회는 성명서에서 다음과 같이 강조했다.

> 오늘날 다른 무엇보다도 반복해 강조해야 할 사실이 있다. 전쟁이 끝나면 호황이 올 것으로 기대하는 사람들도 있고 불황이 올 것으로 예상하는 사람들도 있다. 둘 다 맞다. 우리는 호황과 불황을 동시에 겪게 될 것이다. 전쟁이 끝나면 인플레이션 압력, 품귀 현상, 재고 축적 등 호황의 표면적인 측면과 인력 및 설비 이탈, 실업, 잠재적 실질 소득의 감소 등 불황의 여파가 존재하는 '파행적인' 시기를 맞이할 것이라는 징후가 곳곳에 있다.[5]

이처럼 상반된 재앙이 둘 다 가능해 보이고 많은 경제학자가 두 가지 가능성을 모두 두려워한다는 사실은 어쩌면 노련한 계획과 실행을 통해 두 가지 모두 피할 수도 있다는 의미이기도 하다. 사실 현대 경제는 모순적인 성격의 두 가지 강력한 힘을 다스리고 있다. 막대한 재정 적자가 인플레이션으로 이어지지 않도록 해야 하고, 그 산물을 소화할 능력을 앞지르는 기술 발전으로 인해 디플레이션이 야기되지 않도록 해야 한다. 두 가지 힘이 전적으로 우연히 균형을 이룰 수도 있지만 그런 행운은 기대하기 어렵다. 인플레이션과 디플레이션 요소들이 합리적인 균형을 유지하도록 계산된 정책이 필요하고 어쩌면 새로운 메커니즘을 고안해야 할 것이다. 이런 작업을 시도하는 사람은 그 과정에서 받을 비판과 실패한 경우 받게 될 더 큰 비난을 예상해야 한다. 그럼에도 불구하고 시도는 계속되어야 한다. 아무것도 하지 않는 것은 더 큰 재앙의 위험을 감수하는 것이다.

요약하면, 합리적인 수준으로 물가를 안정시키기까지 전후 세계는 다음 세 가지 도전에 직면한다. 전쟁 차입금으로 인한 구매력 인플레이션 위험, 일시적인 사재기로 인한 불건전한 경기 호황 위험, 전통적인 전후 가격 폭락의 위험이다.

무역 장벽과 경제 민족주의

관세 장벽과 수입량 할당제$_{\text{import quota}}$ 등 세계 무역에 대한 장애물이 지난 전쟁 이후 증가한 것은 이미 잘 아는 사실이다. 이러한 장애물은 전반적으로 원자재보다 완제품 분야에서 확실히 더 심각하다. 그러나 수입에 의존하지 않고 국가 자급자족을 실현하려는 열망으로 인해 세계 원자재 무역 역시 심각한 타격을 입었다.

무역 장벽을 마치 세계 경제의 새로운 앙팡 테리블enfants terribles, 즉 무역과 번영의 짓궂은 파괴자 정도로 언급하는 경향이 있다. 하지만 이 문제는 그렇게 간단하지 않다. 세계 각국이 순전히 악의나 무지로 인해 대외 무역을 망치고 있는 것은 아니다. 무역 장벽은 기존에 있었던 압력의 결과다. 탐욕스러운 국내 생산자들로부터 비롯된 압력도 있지만 외국의 저가판매underselling에 기인한 국내 문제(실업 등)를 반영한 경우가 더 많다. 또한 외환 부족으로 인해 수입을 제한할 필요성도 있다. 전 세계적 전쟁 시대에 외부 세계에 대한 의존도를 줄이려는 욕구를 악의적이라고만 볼 수는 없다.

국제연맹의 전문가들도 무역 장벽이 파생적인 것임을 인정했다.

> "국제 무역의 불균형이 무역 장벽의 결과라기보다는 무역 장벽의 원인이라는 말은 어느 정도 사실이다. 그러므로 무역 장벽만을 다룬다면 그것은 결과를 원인으로 착각한다는 의미가 된다."[6]

미국의 관세 장벽인 거대한 경제적 독단주의조차도 실제보다 더 사악한 것으로 과장되어서는 안 된다. 높은 관세에 결코 우호적이지 않은《런던 이코노미스트》는 이렇게 지적했다.

> "상당히 남용되고 있는 미국의 관세는 실질적인 장애물이라기보다는 무역 흐름을 방해하는 하나의 요소에 가깝다. 정치적으로는 관세 인하를 실행할 수 있다. 그러나 관세 인하로 수입품 대금을 미국에 지불해야 하는 국가들의 달러 확보 문제를 결코 해결하지 못한다는 것만은 분명하다."[7]

당연히 미국은 전후 세계 무역의 장벽을 허물기 위한 지능적이고 포괄적인 노력을 제공해야 한다. 국무장관 코델 헐Cordell Hull의 지칠 줄 모르는 대외 정책 수행에서 훌륭한 선례를 찾을 수 있다. 이와 같은 노력의 성공 여부는 미국이 얼마나 세계의 번영을 촉진할 수 있는지에 달려있음을 인식해야 한다. 모든 국가에서 인력과 자원의 합리적인 완전 고용이 달성될 수 있다면 관세와 쿼터(할당제) 장벽으로 미국 경제를 방어할 필요성이 크게 줄어들 것이다. 많은 사람이 자유 무역이 최우선이며 완전 고용은 그다음 문제라고 주장한다. 그렇든 아니든 수출 기회를 기대하며 수입을 전적으로 허용하도록 각국을 설득하는 데는 여러 가지 현실적인 장애물이 있다.

원자재 및 가공품 분야에서 해결책은 다양한 방안을 동시에 적용하는 데 있다. 미국이 세계 생산의 균형 있는 확대를 장려하고, 반복되는 투기 수요 폭등과 가격 폭락을 방지하는 효과적인 국제적 메커니즘을 구축할 수 있다면 확대된 생산물을 전 세계 모든 국가에 자유롭게 분배하는 문제도 좀 더 성공적으로 해결할 수 있을 것이다.

원자재 및 기타 계획

전후 세계의 경제 문제가 원자재에만 국한되지 않음은 말할 필요도 없다. 전반적인 재정 정책, 금융 재건, 공공사업, 낙후 지역 개발, 무역 장벽의 전반적인 축소 등과 같은 다른 영역으로 해결책을 확장해야 한다. 따라서 원자재에 관해 어떤 조치를 제안하든 그것은 더 포괄적인 프로그램과 관련하여 검토되어야 한다. 그러나 효과적인 해결을 위해 우리는 전후 경제의 원자재 분야에 가능한 한 관심을 집중하고자 한다. 독자들은 우리가 다른 질문의 중요성을 과소평가한다거나 우리가 개발한 해결책이 다른 방향에서 제시된 계획과 (어떤 의미로든) 상충된다고 가정해서는 안 된다.

Benjamin Graham

2장

카르텔 VS. 자유생산

Benjamin Graham

"이 세대와 다음 세대에서 좋은 기회를 잡기 위한
모든 문제의 해답은 미국과의 협력에 있다.
무역을 제한할 것이 아니라 미국과 협력을 통해 자유화해야 하고,
기득권을 다질 것이 아니라 모든 지역에서 모든 수단을 동원해
상품과 서비스의 세계 점유율을 높여야 한다."

《이코노미스트》(1942. 6. 6.)

"우리는 정부 카르텔이 어떤 의미인지 경험으로 잘 알고 있습니다.
정부가 주도하는 카르텔은 어쩌면 민간의 카르텔보다 더 나쁩니다."

조셉 크리스토퍼 오마호니 Joseph Christopher O'Mahoney* **상원의원**
「전후 경제 정책 및 계획에 관한 보고서 Report on Postwar Economic Policy and Planning」(1943. 10. 12.)

이 논의를 시작할 때 우리는 완전 생산과 지속적인 안정성의 충돌이 원인이 된 기본적인 딜레마를 언급했다. 경험에 비추면, 현실적으로 생산량 변동에 따른 가격 변동(자유경쟁 방식)과 감산에 따른 가격 안정(카르텔 방식) 사이에서 선택이 가능하다.

카르텔은 가격을 경쟁력 있는 수준 이상으로 유지하기 위한

* 경제 권력 독점을 조사하는 임시국민경제위원회Temporary National Economic Committee(1938~1941년 활동) 의장을 맡았다.

생산자 또는 판매자의 연합이다. 카르텔의 지속적인 성공은 생산량 제한에 달려 있다. 카르텔은 원칙적으로 '생산, 고용, 상품의 교환 및 소비 확대'[1]라는 전후 세계의 이상에 정면으로 반대되는 것처럼 보인다. 따라서 카르텔을 인간의 탐욕으로 작동하는 악마의 작품으로 비난하기 쉽다. 그러나 감당할 수 없는 가격 변동과 생산량 제한이라는 두 가지 해악 사이에서만 경제적 선택이 이루어져야 한다면, 카르텔 옹호자들은 자신들의 선택이 덜 불행할 것이라고 그럴듯한 주장을 펼칠 수도 있다. 하버드 대학교의 어느 교수는 강력한 어조로 카르텔을 옹호했다.

> 생산을 안정화하고 점진적이며 신중하게 변화를 도입하는 경향이 있는 산업 조직의 시스템은 지금껏 세계에 고통을 가져온 무절제한 '진보'에 비해 경제적 갈등이 없는 세상을 건설할 더 큰 가능성을 내포하고 있는지도 모른다. 미국 경제 시스템에 어느 정도의 경직성이 도입된다면, 투자자본 손실, 실업, 사회적 격변이 반복되는 급격한 변동에 노출된 시스템보다 이 시스템을 더 선호하면 안 되는지 마음껏 의문을 제기할 수 있다. 카르텔이 진보를 막고 해친다는 사실이 입증되더라도 확장이 아니라 기존 역량의 조율이 가장 시급한 과제가 된 세계에서

는 이것이 카르텔의 특히 바람직한 장점이 될 수 있다.[2]

이러한 주장을 단순히 이기심을 정당화하는 궤변으로 치부하기 전에, 카르텔이라는 개념이 경제계에 미친 뿌리 깊은 영향력을 생각해 볼 필요가 있다. 카르텔은 독점의 장점을 누리려는 대기업들의 합의에만 국한된 문제가 아니다. 중소기업도 카르텔 마인드가 있다. 소매업체에 적용되는 공정 가격 규제와 같은 현실적인 수단은 카르텔을 목적으로 한 것이었다. 흥미롭게도 경쟁을 제한하는 이러한 조치에 일관적으로 반대해온 쪽은 머천다이징 분야의 대기업들이다. 이제는 잊혀지다시피한 국가산업부흥청National Recovery Administration*은 카르텔 관행에 대한 정부와 미국 제조업체 공동의 모험이었다. 국가산업부흥청이 실패한 것은 인위적인 가격 조정과 생산량 제한 원칙에 대한 양심적 거부 때문이라기보다는 카르텔 기법의 본질적인 약점, 즉 경쟁자들의 상호 불신 그리고 통제와 규율에 복종하지 않으려는 의지 때문이라고 할 수 있다. 마지막으로, 농업조정청

* 프랭클린 루스벨트 대통령의 뉴딜정책 가운데 대표적 입법인 국가산업부흥법National Industrial Recovery(1933)에 따라 설립되었다.

Agricultural Adjustment Administration*은 미국 농민의 카르텔화를 도모한 정부 차원의 계획이라고 설명해도 좋을 것이다. 이 계획은 때로는 마지못한 것이었지만 실질적인 지지를 얻었다.

국제 문제에서 카르텔 개념은 큰 진전을 이루었다. 대중의 반응을 보면 세계에는 완전히 반대되는 두 가지 유형의 카르텔이 존재하는 것 같다. 하나는 대기업이 만든 비애국적이고 악랄한 카르텔이고 다른 하나는 정부가 후원하는 유익하고 바람직한 카르텔이다. 합성고무 및 석유 특허, 고속도강, 광학 유리, 산업용 다이아몬드, 다양한 화학 물질 및 기타 산업 제품과 관련된 합의가 첫 번째 카르텔에 해당한다. 두 번째 카르텔은 설탕, 커피, 밀, 주석, 차 및 각종 천연 제품에 관한 합의이다.

두 가지 유형의 카르텔 행위를 구분하는 확실한 기준이 있다. 기업은 전적으로 사적인 이익을 위해 움직이며, 대개 이미 만족스러운 수준인 이익을 유지하기 위해 계산된 것이다. 정부 차원의 합의는 대부분 공급 과잉으로 인한 가격 급락을 바로잡고 소비자의 이익을 보호하기 위해 체결된다. 좋은 카르텔과 나쁜 카르텔 모두 근본적인 방향은 공동 생산을 제한한다는 점

* 농업조정법Agricultural Adjustment(1933)을 근거로 설립되었다.

을 반드시 인식해야 한다. 각자의 이익을 생각했을 때 민간 생산자와 정부 모두 공급 축소 자체를 선호할 수는 없다. 카르텔은 풍요에 적응해서 사업 구조를 조정하는 것이 불가능한 전 세계가 임시방편으로 채택한 대안이다.

앞서 언급한 정부가 후원하는 카르텔은 모두 기초원자재와 관련이 있다. 정부가 제조업체의 유사한 활동에 대해 중립적 태도를 취하거나 적극적으로 적대적이었던 것과는 달리, 기초원자재 생산자들을 대신해 개입한 이유를 이해하기는 어렵지 않다. 제조업체와 비교할 때, 원자재 생산자는 그 수가 훨씬 더 많고, 직접 카르텔을 결성하기 어려우며, 원자재 가격 하락은 더욱 폭력적이고 파괴적이다. 자유경쟁을 추구하는 미국의 이상과 법령, 법원 판결의 논리도 대공황으로 농가가 처한 비극적 곤경 앞에서 간단히 무너지고 뒤집혔다.

국제적 차원에서 카르텔 문제에 접근할 때는 의견이 크게 나뉜다. 원자재 분야에서는 이미 체결되었고 앞으로 체결될 다양한 국제상품협정International Commodity Agreements이 카르텔의 입지를 더욱 공고하게 한다. 그러나 이러한 종류의 협정이 바람직한 것인지에 대해 국내외 공식 석상에서 강력하게 문제가 제기되고 있다. 공산품 분야의 카르텔은 미국에서는 확실히 호응을 얻지 못하고 있다. 반면 전형적인 영국 산업가들의 태도는 호의적이다.

영국에서는 에드거 존스 경이 이끄는 세계무역동맹협회World Trade Alliance Association의 움직임이 활발하다. 협회는 '모든 국가의 주요 제품을 제품별로 합의된 안정된 수출량과 세계 경제가 합의한 안정된 가격에 유통되도록 규제하는' 프로그램을 운영하고 있다. 이 철학은 영국의 자유주의 언론으로부터 맹렬한 공격을 받았지만 기업인들에게는 여전히 지배적인 목표이다. 반면에 미국 경제단체의 공식적인 태도는 카르텔과 독점에 정면으로 반대한다. 미국 상공회의소 회장 에릭 존스턴Eric Johnston은 1943년 영국 연설에서 미국의 신념을 단호히 표명했다.

완제품을 포괄하는 국제 카르텔에 대한 미국 정부의 현재 정책은 다양하게 해석되어 왔다. 헨리 월리스Henry A. Wallace 부통령은 전후 세계의 번영을 상대로 한 교활한 위협이라며 '독일식' 카르텔을 거듭 공격했다. 미국 법무부는 해외 제조업체와 카르텔 계약을 체결하여 국내 시장에 영향을 미치는 미국 기업들을 적극적으로 기소해 왔다. 미국의 대외 정책이 완제품 카르텔을 철저히 배제하고 싶어한다는 것은 분명하다. 그러나 이러한 카르텔의 존재를 인정하고 감독하는 대신 대안을 고려하고 있다는 징후가 있다. 수많은 단서 가운데서도 전 세계 원자재를 통제하는 국제위원회International Board의 구성이 대표적이다. 카르텔 지지자들은 이 기구를 '통제를 벗어난 카르텔과 기타 연합체에 맞서는 미국 이익의 수호자', 즉 '나쁜 카르텔'을 물리칠 '좋은 카르텔'로 묘사한다. 설명에 따르면 국제위원회는 다음과 같은 사안에 대한 결정을 내린다.

- 각 정부와 사업자별 원자재 생산량
- 시장과 생산의 안정화를 위해 요구되는 가격 수준
- 생산자별 판매 시장[3]

실제로 정부 당국자들은 이러한 제도를 진지하게 고려하고 있다. 원자재 문제에 대응한 이런 발표가 공개적으로 있었다는 것은 이 사안의 심각하고 당혹스러운 측면을 보여준다. 이런 '해결책'은 실패했다는 고백이나 다름없다. 제한을 통해 풍요를 얻고, 통제를 통해 자유를 얻는 것이 과연 가능할까?

오히려 정반대의 결론이 도출되어야 할 것이다. 기초 상품 분야에서 카르텔을 배제하거나 그 역할을 최소한으로 제한할 수 있다면, 다른 경제 부문에서 카르텔을 없애는 것은 훨씬 더 쉬울 것이다. 카르텔 대 자유생산의 문제는 원자재와 관련해 특히 복잡하고 어려운 측면이 있는데 바로 그런 이유로 원자재 분야에서만큼은 각국 정부가 카르텔을 반대하기보다 선호하는 경향이 있기 때문이다.

카르텔을 대체하는 완충재고

기초 상품 분야에서 카르텔을 대체할 수 있는 현실성 있는 대안은 비축이다. 이 문제는 1943년 5~6월 버지니아주 핫스프링스에서 개최된 식량·농업에 관한 국제연합 회의에서 명확히 드러났다. 당시 회의는 농산물에 대해서만 다루었지만 논의 내용과 결정된 사항의 핵심은 산업용 원자재에도 동일하게 적용된다.

회의 보고서 3장(유통 촉진 및 개선과 관련)에서 발췌한 내용은 안정적인 확장에 대한 기본적인 접근 방식의 차이를 보여준다.

> 일부 대표단은 주로 완충재고 설정 및 운영 측면에서 향후 계획을 구상했다. 완충재고는 고정가격을 유지하기 위해서가 아니라 주로 장기적인 추세에서 벗어난 변동성을 제거하려는 관점에서 관리된다. 양적 통제는 다른 모든 방법을 시도한 후 예외적인 경우에 한해 이용하는 최후의 수단이 되어야 한다. 그들은 이론적으로 소비 확대의 필요성을 충분히 고려하여 수요에 맞게 공급을 조

절하는 방식으로 양적 통제가 작동할 수 있다고 보았다. 그러나 실제로는 과거에 높은 가격을 보장하기 위해 관리 기관이 생산을 낮은 수준에서 유지하려는 경향이 지나치게 강했다는 것이 그들의 생각이었다.

게다가 이러한 견해를 표명한 대표단은 완충재고라는 장치를 통해 일시적인 부적응을 적절히 해소할 수 있으므로 단기 변동성에 대해서는 양적 합의가 불필요하다고 주장했다. 또한 앞서 설명한 것처럼 실제로 불황이 닥치거나 불황의 조짐이 있을 경우, 본질적으로 생산량을 줄여 소비 감소에 대응하는 것이 양적 통제라는 점을 강조했다. 이러한 조치는 더 큰 위축을 유발할 수 있다. 안정화 기관이 계속 구매해서 디플레이션 경향에 대처하는 것이 바람직한 정책일 것이다.

마지막으로, 세 번째 유형의 불균형(예외적인 상황으로 간주되는 수요와 공급의 다소 장기적인 격차)에 대처하기 위해 한동안 양적 통제를 실시해야 할 수도 있다. 그러나 그들은 이러한 편법이 현상을 영구히 지속시키는 경향이 있어 여전히 위험하다고 생각한다.

양적 통제가 허용될 수 있는 경우에도, 제한주의적 restrictionist 경향에 맞서고 새로운 여건에 적응을 촉진할 수 있도록 고안된 엄격한 규칙이 적용되어야 한다.

또 다른 대표단은 과거에 양적 통제가 때때로 제한주의적 성격을 드러냈다는 사실을 부인하지는 않으면서도, 언제나 협력 생산국이 이미 절박한 상황에 처한 불황의 바닥 근처에서 통제가 이루어졌다고 강조했다. 그들은 경기 사이클의 영향을 크게 받는 농산물에 대한 통제는 ① 상황이 유리하고, ② 과도한 재고로 인한 일시적 감산 정책이 필요하기 전에 미리 이루어져야 한다고 주장했다. 이 견해에 따르면, 소비 증가를 위한 규제를 고안하고 규제의 틀 안에서 확장주의적expansionist 정책을 추구하는 것은 충분히 가능하다. 그들은 양적 통제를 위한 새로운 제도가 소비자를 대표할 수 있어야 하며, 이 대표성이 불필요한 축소로 치우치는 경향을 제거하는 데 실질적으로 도움이 될 것이라는 의견에 동의한다.

최근 몇 년간의 통제 조치는 가격을 상대적으로 안정시키고 적절한 공급을 유지하는 동시에 꽉 막힌 세계의 재고를 처리하는 데 도움이 되었다는 점에서 "전반적으로 실망스럽지 않게 목적을 수행했다"는 평가를 받는다. 이들 대표단은 완충재고라는 장치 자체는 반대하지 않았지만 통제 장치의 뒷받침 없이 이러한 풀을 운영하면 농업국이 주기적으로 겪어온 재앙을 막을 수 없다고 보았다. 앞으로 모든 국가가 소비 수준을 높이려고 노력하겠지만 경기 사이클에 심각한 혼란이 반복되는 것을 막지는 못할 것이다.[4]

이러한 상반된 견해는 회의에서 채택한 다음 결의안에 고스란히 반영되었다.

XXV. 국제상품협정

1. 식품 및 농산물 가격의 과도한 단기 변동은 생산과 유통의 질서 있는 수행을 저해한다.
2. 식품 및 농산물 가격의 극단적인 변동은 통상적인 디플레이션 및 인플레이션 경향을 악화시켜 생산자와 소비자 모두에게 피해를 입힌다.
3. 이러한 영향력의 완화는 확장주의 정책의 목표를 촉진할 것이다.
4. 세계 식품 및 농산물 수요를 더욱 효과적으로 충족시키기 위해 생산 규모와 특성을 바꿀 때, 경우에 따라 생산자가 생산 조직을 재정비하는데 필요한 전환 기간과 국제적 협력이 요구될 수 있다.
5. 국제상품협정은 이러한 목적 달성을 위해 유용한 역할을 할 수 있을 것이다. 그러나 이러한 협정의 정확한 형식을 설정하고, 생산 규제가 필요한지 여부를 결정하며, 필요한 경우 규제 범위를 정하려면 추가 연구가 필요하다.

<유엔식량농업회의>

권장 사항

1. 국제상품협정은 세계 경제의 질서 있는 확장을 촉진하도록 설계되어야 한다.
2. 이를 위해, 실현 가능하고 바람직하다고 판단되는 국제상품협정을 수립하고 각 조항 및 집행에 관한 광범위한 원칙이 추가적인 국제적 논의를 통해 합의되어야 하며, 다음 사항이 보장되어야 한다.
   a. 국제상품협정은 생산자뿐만 아니라 소비자도 효과적으로 대표해야 한다.
   b. 공정한 가격에 가장 효율적인 생산원으로부터 소비 수요를 공급할 수 있는 더욱 많은 기회를 소비자와 생산자 모두에게 제공한다. 또한 심각한 경제적, 사회적 혼란을 막기 위해 요구되는 과도기적 생산 조정을 충분히 고려한다.
   c. 소비 수요를 충족하기 위해 적절한 재고를 보유한다.
   d. 잉여 생산물이 발생할 경우 질서 있는 처분이 가능하도록 조항을 마련한다.
3. 개별 상품과 관련하여 협정의 실현 가능성과 타당성을 연구하고, 적절한 경우 정부 간 협정을 개시하거나 검토하며 합의된 원칙에 따라 협정의 운영을 이끌고 조율하기 위한 국제기구를 조기에 설립해야 한다. 모든 사람의 소비 수준을 높인다는 목표가 가장 효과적으로 달성될 수 있도록 세계 경제 활동의 다른 분야에서 수행되는 프로그램과 긴밀한 관계를 유지한다.

결의안의 외교적 언어 이면에 깊은 의견 불일치가 있음을 알 수 있다. 카르텔의 제한주의적 해악을 내포할 것이 거의 확실하다며 국제상품협정을 불신하는 집단이 있다. 이들은 과도한 단기 가격 변동을 제거하기 위한 적절하고 이의를 제기할 수 없는 장치로서의 완충재고를 선호했다. 반면 통제 장치가 없는 재고의 안정화 효과를 그다지 신뢰하지 않으며 불필요한 축소를 피하는 방식으로 합의가 도출될 것이라 믿는 집단도 있다.

여기서 핵심은 '불필요'하다는 것이다. 신중하게 고안된 국제상품협정에 대해 말할 수 있는 최선은 그 협정이 제한주의적 효과를 실행 가능한 최소 수준으로 억제할 것이라는 점이다. 그러나 이 '최소 수준'은 그 자체로 매우 불명확하고 논란의 여지가 있는 개념이다. 따라서 이러한 협정이 '질서 있는 세계 경제의 확장을 촉진하기 위해' 실제로 잘 작동할 가능성에 대해서는 선험적 회의론이 정당화될 수 있다.

완충재고 운영은 그 직접적인 효과를 생각할 때 의심할 여지 없이 확장주의적이다. 완충재고의 운영이 생산을 장려하기 때문이다. 하지만 그렇게 함으로써 통제 옹호론자들이 우려하며 지적하는 '전 세계 재고의 압박'을 초래하지는 않을까? 이 문제를 해결하려면 재고 비축 기법의 장점과 한계를 피상적인 수준 이상으로 면밀히 검토해야 한다.

요약

카르텔 대 자유생산의 문제는 카르텔을 비난하는 사람들이 일반적으로 생각하는 것보다 훨씬 더 복잡하다. 카르텔은 이제껏 확산되어 왔다. 전 세계에 가격 혼란을 야기하지 않으면서 균형 있는 확장을 달성할 수 있는 효과적인 메커니즘이 나타나지 않는 한 카르텔은 앞으로도 확산될 것이다. 정부가 후원하는 원자재 제한 제도는 민간 카르텔에서와 달리 심각하게 남용되지는 않을 것이다. 그러나 두 제도의 존재 이유는 동일하다. 즉 풍요로움이 가격 구조를 훼손하는 것을 막겠다는 의미이다. 재고 비축 원칙은 이론적으로 생산량 축소에 대한 바람직한 대안으로 제시된다. 그러나 이 원칙에도 신중하게 고려해야 할 문제점이 있다.

"정부와 민간 기업의 카르텔화는
풍요에 의한 가격 구조의 훼손을 막겠다는 의미이다.
이때 재고 비축 원칙을 생산량 축소에 대한
대안으로 제시할 수 있다."

Benjamin Graham

3장

비축의 역설

Benjamin Graham

"소중한 잉여물이 우리를 짓누르고 집어삼킬 것이라고
생각해서는 안 된다. 이것은 엄청난 가치를 지닌 자산이다."

"군사적 안전의 한계를 넘어선 불필요한 원자재 재고는
결국 전후 시장을 뒤덮어 미래의 생산, 고용, 가격을 침체시킬 것이다.
그것은 미래에 직면할 문제를 비축하는 일이다."

버나드 바루크 Bernard M. Baruch **& 존 핸콕**John Hancock
「전쟁과 전후 조정 정책에 관한 보고서 Report on War and Post-war Adjustment Policies」(1934. 2. 15.)

위의 두 진술은 전후 계획에 관한 특히 권위 있는 문서에서 발췌한 것이다. 진술은 잉여물과 비축분에 대한 실용주의자들의 양가적 태도를 충실히 반영한다. 이 보고서 3쪽에는 "잉여물이 적절히 활용된다면 모든 사람들에게 엄청난 부를 가져다줄 수 있다"라고 적혀 있다. 미국 사학자 허버트 페이스Herbert Feis는 프랑스가 패망하기 전까지 비축에 그다지 돈을 들이지 않았고 "그 결과 막대한 비용을 치렀다"라고 지적했다.[1] 그러나 불과 6개월 뒤 해럴드 몰턴Harold G. Moulton 박사가 언급했듯이, 사업가들은 이미 '이른바 비축분의 규모가 증가하는 데 대한 우려를'

표시하고 있었다.[2]

시간이 흐르고 실제로 미국이 보유한 잉여 양모를 폐기해야 한다는 제안이 나왔다. 재봉사가 정장 한 벌당 바지 두 벌을 제작하는 것이 여전히 금지된 상태에서 이처럼 절박한 제안이 진행된 것을 생각하면, 국가 차원의 합리적인 비축 철학의 뼈아픈 부재가 드러날 수밖에 없다. 세계 경제가 균형을 이루고 확장을 달성하는 데 실패한 것에는 이러한 비축 철학의 부재가 중요한 영향을 미쳤다.

높은 수준의 고용을 지속하기 위한 분명하고 간단한 공식은 첫째, 지능적이고 전면적으로 생산하는 것이다. 둘째, 생산물을 공격적이고 경제적인 방법으로 최대한 많이 분배하는 것이다. 마지막으로, 분배되지 않은 잉여 재화를 미래 소비를 위해 저장하는 것이다. 세 번째 단계는 어려움을 수반한다. 과거와 비교하여 훨씬 뛰어난 물리적 저장 기술이 개발되었고, 생산성이 향상되어 상품의 저장고나 비축분을 안정화 장치로서 사용할 필요성도 그 어느 때보다 커졌다. 그러나 현대 사회는 재화를 저장하는 데 적합하지 않다. 안타깝지만 이것은 사실이다.

물리적 측면에서 경제 프로세스를 볼 때, 우리는 비축분을 천연자원이나 생산적인 식물과 같은 필수품으로 인식한다. (전쟁의 스트레스 상황에서는 더욱 그렇다) 일반적으로 거의 모든 것은 공급량이 많을수록 좋다. 예외적인 것은 전체적인 그림에서 그렇게 중요하지 않은데, 특히 전쟁 중에는 한 해의 공급 과잉이 다음 해에 매우 유용하게 쓰일 수 있기 때문이다. 미국이 전 세계의 금 대신 고무, 주석, 실크, 커피를 수십억 달러 규모로 수입하지 않은 것은 이상할 정도로 근시안적인 일이었다. 국내에서 열심히 생산했지만 모든 곳이 재화 부족에 시달렸다. 물론 국내에서 생산되거나 또는 수입한 풍부하고 다양한 원자재와 필수재staples 재고를 매우 유용하게 활용할 수도 있었을 것이다.

평시에 준비한 전쟁 비축 물자는 승리에 도움을 주고 고통에 대비하게 한다. 또한 생산과 고용을 촉진하고 유지하는 중요한 수단이다. 만일 지금으로부터 25년 뒤 제3차 세계대전이 일어날 운명임을 안다면, 막대한 군사 및 민간 물자를 축적하고 자원과 인력을 최대한 고용하는 데 기여하는 장기 비축 정책에 기꺼이 동의할 것이다. 그렇다면 단순히 세계 정복을 노리고 결과적으로 독일의 실업 문제를 해결한 히틀러를 모방할 수 있을지도 모른다.

그러나 우리는 다시는 전쟁이 일어나지 않을 것이라고 확신하며 과거의 전쟁에서 벗어나는 듯하다. 지금까지 우리는 장기적인 군사 정책의 일환으로서 평시에 대규모 비축분을 조성하는 것을 꺼려왔다. (제1차 세계대전 이후 군대는 오히려 방대하고 다양한 물자를 신속하게 처분했다) 따라서 지난 전쟁의 경험을[3] 충실히 반복하는 현재의 물자 부족과 그로부터 얻은 명백한 교훈 자체로는 안보와 경제 안정을 위한 포괄적인 비축 계획까지 이어지지 못할 듯하다.

비축 원칙이 국내 및 국제 경제 정책의 근본적인 요소로 등장하지 못한 이유는 무엇일까? 어째서 일반 대중이나 노련한 경제학자의 생각 속에 자리 잡지 못했을까? 전후 계획을 다루는 문헌에서 비축 원칙이 지금까지 그토록 작은 비중을 차지하는 이유는 무엇일까?

분명한 것은 기본적으로 비축 원칙에 실질적인 결함이 있거나 어떤 특별한 이유로 마땅히 받아야 할 평가를 얻지 못했다는 것이다. 이 시점에 다음 두 가지 제안에 대한 검토가 필요해 보인다. 이 논의에서 '비축분' '비축하다'라는 용어는 일반적으로 정부가 지원하는 포괄적인 저장 행위를 가리킨다.

비축의 장점은 크게 두 가지로 알려져 있다. 첫째, 미래의 필요에 대비하여 재화를 저장한다. 둘째, 안정화 수단이다. 첫 번째 측면에서 비축의 유용성에 대해 진지하게 의문을 제기하는 사람은 없을 것이다. 사실, 저장 장치는 우리의 일상적인 경제 생활에서 필수적인 요소이고 인식하지 못할 정도로 보편화되어 있다. 생산, 유통 및 소비 과정의 모든 단계에서 특정 재고나 재화의 저장은 사업을 수행하는 데 필수적인 것으로 인식된다. 현대 경영 기법이 재고를 가능한 한 최저 수준으로 유지하는 것을 강력히 선호하는 경향은 사실이며 매우 유의미하다. 그럼에도 불구하고, 연간 최종재 생산량이나 소비량 대비 국가의 산업 및 상업 재고의 총량이 언제나 약 80% 이상이라는 것은 인상적이다. 여기에 더해, 소비자가 추후 필요에 대비해 보유하고 있는 재화의 재고도 상당하다.

미래 사용에 대비한 비축은 비즈니스 분야 외에서도 중요하게 이루어진다. 가장 인상적인 것은 물이다. 물은 ① 우리 생활에 필수적이고, ② 일상에서 급수, 관개, 홍수 조절 및 전력 생산이라는 서로 다른 용도가 있고, ③ 물 저장량이 너무 많더라도 결코 문제가 되지 않는다. 통화준비금으로서 금을 보관하는 것은 용도가 완전히 다른데, 과거에는 미래의 필요성이 가장 중요했다. 전쟁 물자 비축은 규모가 유일한 문제였을 뿐, 물을 저장하는 것만큼이나 당연하게 여겨졌다. 마지막으로, 민간 소비를 위한 정부의 식량 및 기타 물품 비축 정책은 역사적으로 계속 이어졌지만[4] 최근 몇 세기 동안은 다소 주춤했다. 그러나 1929년 (세계 대공황 당시) 스위스 정부가 이 비축분의 사용을 재개한 것은[5] 현대의 비응급 상황에서도 이 개념이 여전히 유효함을 보여준다.

현대의 전쟁 중 미국의 원자재 비축과 관련해 새로운 사고 방식이 발전했다. 국내 자원이 급속히 고갈되고 있는 상황에서 남은 것을 보존할 수 있도록 해외에서 상당한 양을 들여와야 한다는 생각이었다. 이러한 관점을 가장 적극적으로 지지한 사람이 전쟁생산위원회 부회장이자 통합원자재위원회와 통합생산·자원위원회 미국 대표인 윌리엄 배트William L. Batt였다. 배트는 여러 연설을 통해[6] 철광석, 아연, 보크사이트, 석유, 목재 및 기타 필수 자원이 '바닥나고 있다'고 거듭 지적했다. 그는 정부가 이러한 원자재를 대량으로 수입해 비축하고 국가 비상시에만 사용할 수 있도록 지정하여 상업 시장에서 차단할 것을 제안했다. 즉 '국가 안보 무기'로서 별도로 지정하고 보호해야 한다는 것이다.

배트는 이러한 수입이 두 가지 측면에서 미국에 유리하다고 강조한다. 즉 엄청난 가치의 국가 보유고를 채우는 것은 물론 그에 상응하는 대량의 제조품을 수출할 수 있다는 것이다. 이러한 원자재를 사서 보관하면 다른 국가에게 미국 제품 수입 대금을 지불할 자금을 제공하게 된다. 수입 대금 결제 문제는 이런 방식 외에는 만족스러운 해결책이 없을 수도 있다. 미국 언론에서, 실제로 이런 종류의 거래를 러시아와 준비하고 있으며 러시아가 미국에 니켈, 크롬, 망간 등을 국가 비축용으로 수출하고 그 대금으로 연간 약 7억 5000만 달러 상당의 미국 기계 등을 수

입할 수도 있다는 이야기가 나오는 것은 흥미롭다.[7]

이처럼 원자재 저장은 보편적으로 필요하고 여러 면에서 이로운 것으로 보인다. 그렇다면 왜 이 방법을 사용하는 데 제한이 있어야 하는가? 소비 대비 일시적 또는 영구적인 과잉 생산의 문제를 해결하는 수단으로 최대한 자유롭게 활용할 수 없는 이유는 무엇인가? 그 이유로 단순하게 비용을 강조하기도 한다. 그러나 가격 폭락, 생산 감소 및 고용 축소 등 공급 과잉의 세 가지 결과로 인해 발생하는 손실에 비해 보관 비용이 미미한 수준이라는 것을 어렵지 않게 입증할 수 있다. 더욱이 중대한 비상 상황 시 대규모 상품 비축분의 가치는 금전적으로 계산할 수 없다.

저장 원칙을 무제한으로 확장하려는 제안이 불러일으킨 더욱 심각하고 뿌리 깊은 의구심은 안정화 단계와 관련이 있다. 우리는 여기에 주목해야 한다. 이 주제는 다소 까다로운데, 애초에 저장이 안정화 혹은 불안정화를 일으키는 경제적 장치라고 주장하기 쉽기 때문이다. 공급이 넘치는 시기에 판매 압박에 놓인 재화를 구매하여 저장하면 분명히 즉각적인 안정화를 기대할 수 있다. 그러나 장기적으로는 불안하고 불건전한 영향이 있을 수 있다. 저장된 재화는 실제 또는 잠재적으로 시장 공급에 대한 추가분으로 여겨져 지속적으로 가격을 하락시키는 효과를 발휘한다. 그렇지 않고 과잉 생산에도 개별적으로 가격 수준을 유지한다면 그것은 가격 하락에 따른 긍정적인 경제적 효과, 즉 과잉 생산된 상품의 생산 감소와 소비 증가, 자본 및 노동력이 다른 분야로 이전하는 것을 저해할 수 있다.

이 책에서는 경제학자들의 설명처럼 이에 관해 이론적인 방식으로 언급했다. 사업가들도 자신의 경험에 비추어 대량의 상품 재고를 근본적으로 불신한다. 사업가는 호황기에 확대된 재고가 사업에서 취약한 요소이며 다가올 불황의 주요 원인임을 알고 있다. 또한 수익성이 좋지 않은 해에는 과도한 재고를 청산하는 것이 손실의 주요 원인이 되기도 한다.[8]

정부가 상업적 목적으로 대량의 상품 재고를 취득하는 것은 일반적으로 재정적 손실을 초래한다. 최근 가장 눈에 띄는 사례는 연방농업위원회Federal Farm Board가 1930년부터 엄청난 양의 밀과 면화를 매입하기 시작한 것이다. 막대한 비용(3억 달러)이 들었기 때문에, 후임 루스벨트 대통령은 농업 정책에서 농작물 대출이나 구매를 확실한 경작지 축소 프로그램과 연계해야 한다고 주장했다. 따라서 헨리 월리스가 제안한 그 유명한 상평창ever-normal granary*, 즉 상시 곡물 창고 제도가 농작물 통제를 위

* 1934년 농무부 장관 시절 제안했다.

한 정교한 계획의 부수적인 부분으로 법적 승인되었다.

전쟁 동안 미국 정부는 군사 수요를 충족시키기 위해 막대한 비축분을 쌓아왔다. 1943년 3월 7일까지 재건금융공사Reconstruction Finance Corporation 운영 보고서에는 22개 특정 상품 매수를 위한 37억 달러 이상의 대출 및 약정이 기재되어 있다.[9] 전쟁이 진행됨에 따라 일부 상품의 비축분이 예측 가능한 수요 이상으로 확대되었다. 따라서 정부 당국은 오래된 골칫거리인 잉여 물자와 매우 흡사한 문제에 직면하게 되었다.

아마도 처음 당국을 당혹스럽게 한 것은 양모와 관련된 문제였을 것이다. 1944년 초, 수입산 양모 약 14만 5,000톤과 미국산 양모 약 10만 톤이 정부 기관 두 곳에 보관되었다. 물량이 필요 이상으로 많았고 국내외에서 추가로 양모를 확보한다는 약정이 있었기 때문에 양모를 보유한 두 기관은 공개시장에서 일정량을 판매하기 위한 조치를 취했다. 이로 인해 국내 생산자와 이용자 모두 불만이 급속히 커졌다. 홍차를 바다에 던진 '보스턴 차 사건Boston Tea Party'처럼 잉여 양모를 폐기하자는 생산자도 있었다. 전쟁으로 인한 궁핍한 상황에서도 과잉 공급의 망령은 모습을 드러냈고, 가격을 끌어올리기 위해 대지의 풍요를 파괴하는 인간의 마지막 광기가 되살아났다.[10]

그 사이 다양한 금속도 비슷하게 잉여분이 쌓이기 시작했다. 광부들은 전쟁이 끝났을 때는 물론 그 이전부터 그들의 상업적 지위에 대해 비슷한 우려를 표명했다. 언론의 다양한 논의를 통해 납, 아연, 구리 생산자들이 정부 비축 계획의 실제 효과에 대해 회의적이라는 것이 분명하게 드러났다. 생산자들은 경제 위주로 돌아가는 행정부가 국가 비상사태를 위해 비축한 물량을 시장에 '내팽개칠' 수도 있다고 우려했다.[11]

서두에서 인용한 몰턴 박사의 연설도 이러한 우려를 반영한다. 그러나 경제학자마다 정반대 관점에서 위험을 이야기할 정도로 이 주제는 모순되는 다양한 측면이 있다. 1943년 말 발표된 글에서도 확인된다.

> 전후 원자재 통제에 대한 국제적 차원의 논의가 확대되고 있다. 일반적인 우려는 국제시장에서 앞다투어 물자를 확보하려고 나서면서 가격이 인플레이션을 유발하는 수준까지 치솟을 수 있다는 것이다. 이에 대한 대응 중 하나로 다른 국가와 협력하여 원자재 구매를 위한 정부 독점권을 설정하는 방안이 논의되고 있다.[12]

《런던 타임즈》는 심지어 전후 초기에 많은 원자재에 대한 수요가 "현재 생산량의 최대 공급량을 초과할 것"이라며, 전략

원자재를 비상업적 목적으로 비상 비축해야 한다는 윌리엄 배트의 제안이 타당한지 의문을 제기했다. 배트가 주장하는 비축이 일련의 인위적인 공급 부족을 야기하고 그 결과 인위적으로 가격이 상승할 위험이 있다고 본 것이다.[13]

비축의 이론과 실제에 대한 논의가 지금까지는 매우 혼란스러워 보일 것이다. 비축분은 한편으로 필요하고 유익하며 활용도가 광범위하다는 후한 평가를 받는다. 그러나 다른 한편으로는 기업과 정부에 막대한 손실을 입히는 원인이라는 혐의를 받는다. 이러한 정반대의 태도는 전후 잉여에 대한 우리의 현재 사고방식에도 그대로 드러난다. 이 장의 제목이 의미하는 역설이 바로 여기에 있다.

이러한 혼란은 비축 과정의 건전성을 판단하는 척도가 되는 기본적인 차이점을 인식하고 특성에 충실할 때 해결할 수 있다. 상품 보유고 제도가 국가의 자산으로 기능할지 아니면 부채로 기능할지는 운영 메커니즘에 따라 달라진다. 이는 전적으로 기법technique의 문제이다. 오로지 미래의 필요를 충족하기 위해 설정된 것이라면 비축은 유익하고 떳떳하다. 빠른 처분이 주된 목적이라면 비축분은 시장을 불안하게 하고, 보관하는 측에 많은 비용을 발생시킬 가능성이 높다.

이러한 구분은 민간 상업 분야에도 적용되지만, 사용 목적 생산과 영리 목적 생산 사이의 급진주의적인 구분과는 완전히 다르다. 재고는 생산 및 분배 메커니즘의 필수적인 부분으로 간주되며 상업 경제에서 취약한 부분이 아니다. 재고는 기능면에서 사업가의 생산성 있는 자본이라고 여겨지는 공장설비계정 및 매출채권과 비슷하다. 반복적으로 재정 문제를 일으키고 재고자산 전체에 대한 평판을 떨어뜨린 것은 대개 투기적 이익을 목적으로 구입한 재고, 특히 일반적인 은행 대출 이상으로 자금을 조달해 보유한 재고이다.

금액으로 환산한 재고 규모가 매우 크더라도 해당 산업에서 정상적인 수준이라면 기업에 특별한 위험이 되지는 않는다. 예를 들어 담배 회사는 3년치 재고를 보유하는 것이 일반적이다. 주류판매업자는 숙성 위스키를 대량으로 보유한다. 목재업도 마찬가지이다. 그러나 이것이 산업 전반의 관행일 수는 없다. 특별한 회계 장치를 통해 재고 변동의 위험성을 제거할 수도 있겠지만 그러려면 장부자본가치를 초기에 낮춰야 한다. 또한 불필요하게 많은 재고를 매입하는 것은 수익성이 없는 자산에 자금을 묶어두는 일이다.

따라서 미래에 사용할 것에 대비해 재화를 풍부하게 비축하는 원칙 자체에는 경제적 결함이 없다. 반면에 고대에는 재고가 개인이 부를 축적하는 과정에서 발생하는 자연스럽고 유익한 부산물이었을지언정 현대 경영의 회계 기법에는 비축이 적합하지 않다. 그러므로 광범위한 비축 정책은 전쟁이라는 긴급 상황은 물론 평화에 대한 도전에 대처하는 정부의 기능이 되어야 한다. 정부의 원자재 비축은 상업 시장에 지속적인 위협이 되지 않아야 하고 이해 집단의 정치적 압력에서 벗어나 운영되어야 한다.

정부 비축은 바람직한 규모의 상품 비축분을 형성하고 수요와 공급을 안정시키는 완충 장치를 마련하는 합리적인 수단으로 부상하고 있다. 정부의 비축은 지난 30년에 걸친 전 세계의 경험이라는 탄탄한 토대 위에 구축된 강력한 경제적 통제 무기 가운데 하나이다. 이와 유사한 다른 무기로는 공공사업 예산 정책(적자 지출 등), 신용 규제, 기업 및 유주택자에 대한 정부 대출, 통화 정책 변경 등이 있다. 비축이 완전 생산과 완전 고용을 촉진하는 데 필요한 유일한 수단은 결코 아니다. 또한 경제의 모든 측면과 모든 시점에 적용해서 동일한 성공을 거둘 수도 없다.

비축 원칙은 다양한 완제품 분야보다 비교적 종류가 적은 주요 원자재 분야에서 훨씬 더 효과적일 것이다. 기술적 문제는 저장 가능한 주요 상품들을 다룰 때 훨씬 더 간단하다. 핵심 상품이 안정될 수 있다면 경제 수지에도 강력한 안정화 효과가 있을 것이 분명하다. 일반적인 경영에서 심각한 혼란은 주로 원자재 가격의 극심한 변동과 관련이 있기 때문이다. 또 원자재 비축은 긴급 상황에서 필요하거나 생활 수준을 향상시키는 데 도움을 주는 완제품의 신속한 생산을 가능하게 할 것이다.

세계 경제 정책에 주목한다면 비축 구상의 특별한 실용성을 알 수 있다. 원자재 문제는 국제적인 문제이므로 국제적인 해법이 필요하다. 비축은 세계를 대표하는 거대 정부나 국가 간의 정교하고 긴밀한 경제 협력 없이도 전 세계적인 수준에서 실행될 수 있다. 대부분의 정치·경제적 장치는 국제적 수준보다 국가적 수준에서 더욱 쉽게 채택될 수 있다. 반면 상품 비축의 원칙은 전 세계적으로 적용하기가 상대적으로 용이하며 특히 적용 범위가 넓을수록 효과가 더 크다.

우리는 앞서 완충재고, 즉 상품 보유고가 우리가 제안한 원자재 계획에서 가장 중요한 요소라는 것을 분명히 했다. 다음 장에서는 지금까지 잉여 상품을 처리하는 데 실제로 사용된 기법을 집중적으로 살펴본다. 이는 비축 원칙을 거부하거나 경시하는 조치가 가진 본질적인 결함을 제시하고, 뒤이어 나올 구체적인 대안의 토대를 마련하기 위함이다.

"광범위한 비축 정책은
전쟁이라는 긴급 상황은 물론
평화에 대한 도전에 대처하는
정부의 기능이 되어야 한다."

Benjamin Graham

4장

원자재 문제에 관한 과거 해법

Benjamin Graham

"유일하게 효과적인 대안은 폐해를 수반하겠지만
제약 없는 경쟁이거나, 역시 폐해를 수반하겠지만 수백만 명의
생산자에게 개별적으로 빠짐없이 지시를 내리는 것뿐이라고 보인다."

로버트 마틴 Robert F. Martin
『국제 원자재 상품 가격 통제 International Raw Commodity Price Control**』(1937)**

전후 정치 세계의 구조를 명확히 알지 못하면 전후 경제 세계에 대해 제대로 이야기할 수 없다는 말이 있다. 경제적 청사진을 그리기에 앞서 결정할 문제는 유엔을 하나의 정치적 실체로 통합할지, 지역 간의 연합으로 만들지, 아니면 단순히 더 큰 힘을 가진 새로운 국제연맹으로 만들 것인지이다. 생각을 제한할 필요는 없다. 무정부 상태에 가까운 체제를 제외한 미래의 어떤 정치 체제에서도 효과를 발휘할 다양한 경제 계획을 얼마든지 개발할 수 있다. 일반적으로 가장 간단한 방법은 오늘날과 같이 개별 국가로 구성된 정치 세계를 가정하는 것이다. 그러

한 개별 국가에서 실행 가능한 계획이라면 그것이 무엇이든 국가 간의 관계가 더 밀접하게 집단화되었을 때 순조롭게 효과를 발휘할 것이다.

마찬가지로 국제적 규모의 계획을 수립할 때 개별 국가의 정치적 '기후'에 대한 가정에 크게 영향을 받을 필요는 없다. 영국과 러시아만큼이나 서로 다른 각국 정부는 전시든 평상시든 긴밀한 관계를 유지하기를 원한다. 환율, 일반 대외 무역, 원자재에 영향을 미치는 국제기구는 참여국의 국내 정치나 국내 경제학에는 거의 관심을 갖지 않는다. 따라서 우리는 보수주의나 자유주의, 공산주의의 확산에 대한 대체 가설을 바탕으로 한 논의에 얽매일 필요가 없다. 우리의 관심은 거의 전적으로 문제의 경제적 측면에만 집중될 것이다. 정치적인 문제는 전 세계적인 정치 구조보다는 지역적 형편에 관련될 것이다.

미래에 대한 계획을 세울 때, 기존에 어떤 조치를 시도했으며 무엇이 성공했는지 묻는 것은 당연하다. 원자재 분야의 정책은 아래와 같이 크게 네 가지로 구분할 수 있다. 한 가지는 국제적 차원에서, 세 가지는 국가적 차원에서 시행된 정책이다.

① 국제상품협정

기본적으로 생산국에 유통 가능량을 할당marketing quota한다.

그밖에 수입량 할당제, 생산량 통제, 경지 면적 확대 금지, 종자 등의 수출 금지, 완충재고 등이 있다.

② 미국 농업조정청

경지 면적 제한과 유통량 할당제가 기본이다. 농민을 위한 유인책으로 상여금 지급과 농작물 대출 등이 있다. 농작물 대출은 상평창의 요소를 갖고 있다.

③ 브라질 커피 통제 계획

공급과 수요의 균형을 위해 놀랍게도 엄청난 양의 커피를 지속적으로 태워 없앴다. 교체 목적 외에 커피나무를 새로 심는 것을 금지한다.

④ 연방농업위원회Federal Farm Board(1930~1933년)

오로지 정부 수매에 의한 안정화를 도모한다.

안정화를 위한 네 가지 접근법 가운데 가장 주목할 것은 현재도 운영되고 있고 다국적인 지원을 받은 유일한 조치인 국제상품협정이다. 반면 연방농업위원회는 1933년에 막대한 손실을 입고 청산되었으며 그 이후 어느 국가에서도 추진하지 않았다.

국제상품협정

이 협정이 전후 경제에 중요한 역할을 할 것임은 의심할 여지가 없다. 심지어 전쟁 중에도(1942년 6월) 밀에 관한 예비 협정이 체결되었으며, 이 협정은 여건이 허락하는 대로 모든 이해 당사국에 제출될 것이다. 역시 전시에(1940년) 커피에 관한 유사한 협정이 14개 생산국과 주요 소비국인 미국 사이에 채택되었다. 설탕 협정은 1931년 이후 거의 매년 운영되었고 전쟁이 끝난 후 확실히 복구될 것이다.

밀, 커피, 설탕에 관한 최근 협정은 오래전 생산자들 사이에서만 체결된 계약에 비교했을 때 중요한 진전을 이루었다. 새로운 기법은 소비자 이익의 적절한 보호를 보장하기 위해 수입국의 참여를 필요로 한다. 한 가지 방법으로, 공급 부족과 그에 따른 가격 상승을 방지하기 위해 밀 협정에 명시된 바와 같이 세계 재고의 최소 요구량을 설정한다.

이러한 개선 가능성을 볼 때 국제상품협정이 그 자체로 세계 원자재의 지위를 안정시키는 적절하고 만족스러운 장치가 될 것이라는 결론을 내릴 수 있을까?

이 점은 심각하게 의심스럽다. 새로운 유형의 협정이 바탕이 되는 일반적인 이론에 대해서는 이의가 없는 것 같이 보인다. 생산자와 소비자 모두를 대표하고 보호하며 적절하면서 과도하지 않은 공급을 보장한다. 그러나 다른 계획과 마찬가지로 이 협정의 실질적인 성과 역시 어디에 중점을 두는지에 따라 달라질 것이다. 협정의 원동력은 생산국에서 비롯된다. 생산국의 재정적 이해관계가 더 긴밀하기 때문에 구체적인 협의에 들어가면 생산국이 주도적으로 목소리를 낼 가능성이 높다. 이러한 인적 요인이 끊임없이 작동하면서 결국에는 풍부하고 저렴한 공급보다는 생산량 감소와 높은 가격에 중점을 둔 더욱 강력한 조항이 만들어질 것이다.

조지프 데이비스Joseph S. Davis는 여러 연구를 통해 국제상품협정 기법에 내재된 미묘한 위험을 잘 지적했다. 미국 식량연구소에서 발행한 1942년 밀 협정에 대한 그의 분석과 「전후 세계의 국제상품협정International Commodity Agreements in the Postwar World」이라는 제목의 논문 두 건도 그중 일부이다. 필자는 데이비스 박사의 분석과 국제상품협정의 접근법에 대한 매우 신중한 지지에 상당 부분 동의한다.

근본적인 국제상품협정의 건전성 척도는 상품 계약에 생명을 불어 넣는 가격 정책에서 찾을 수 있을 것이다. 물론 이러한 협정은 시장의 둔화나 이윤이 남지 않는 수익을 방지하는 측면에서 가격에 도움이 되어야 한다. 하지만 감산 때문에 협정 대상이 아닌 상품에 비해 상대적으로 더 높은 가격 수준을 형성해서는 안 된다. 이는 주객 전도나 마찬가지이다. 긴급 구조 작업이나 응급 처치를 지원하는 것에서 특정 상품에 대한 특권적이고 카르텔적인 지위를 창출하는 것으로 중심이 넘어온 것이다.

감산 계획을 특정 상품의 가격을 완전한 '패리티' 수준으로 끌어올리기 위해 사용해서는 안 되며, 가격이 패리티 수준을 초과해서도 안 된다는 것이 협정의 운영 원칙이자 소비국의 지원 조건으로 규정되어야 한다. 이를 위해 일반 원자재 대비 특정 상품의 최근 10년 평균 가격을 패리티의 기준으로 삼을 수 있다. 이처럼 온건한 가격 정책을 고수하는 것이 중요하다. 그렇지 않으면 이러한 상품 협정의 배후에 있는 움직이는 정신, 즉 생산자 협회가 '만족스러운 가격'을 실현하기 위해 협정 내부에 설치된 강력한 장치를 가동할 것이 거의 확실해진다. 만족스러운 가격이라고 하면 소박한 목표처럼 들리겠지만 데이비스가 경고한 것처럼 그것은 '경제적으로 정상적인 수준보다 훨씬 높은' 가격을 의미할 가능성이 크다.

이 점에 관해 에티엔 데너리Étienne Dennery가 요약한 1939년 국제연맹 대의원들의 견해는 상당히 흥미롭다.

또한 가격 안정화는 언제나 상향 안정화이다. 안정성이

> 보장된다면 소비자는 수긍하고 약간 더 높은 가격이라도 기꺼이 지불할 것이다.
>
> 그러나 로베는 이렇게 지적했다. "말레이시아의 대형 주석 회사 사장이 '톤당 70파운드 가격이면 동양에서 전 세계가 필요로 하는 양의 주석을 생산하고도 이윤을 남기기에 충분하다'고 말한다. 반면 230파운드를 지불해야 하는 산업가와 주석 소비자들은 가격 안정화를 위해 너무 비싼 값을 지불했으며 주석 생산 제한 계획은 결국 탐욕스러운 독점에 지나지 않는다고 생각할 수밖에 없다. 소비자에게 높은 가격을 부과해 생산자가 꽤 인상적인 이익을 실현하도록 허용한 계획은 다수 있었다. 칠레 기업들은 질산염에 대한 독점권을 갖고 1920년부터 1927년까지 25~50%에 이르는 배당금을 받았다. 주석과 고무의 생산을 규제하는 계획으로 적어도 초기에는 관련 기업의 이익이 급증했다."[1]

가격 및 생산 정책 문제에 관한 상품 카르텔 이해 관계자들의 좀 더 최근의 태도는 《월스트리트 저널》 런던 특파원의 보도에서 확인할 수 있다.

생산을 제한해서 경제 문제를 해결할 수 있다고 믿었던 사람들은 서서히 포기하고 있다. 국제 차 위원회가 '과잉 공급에 대한 진정한 해결책은 시장 확대'라고 인정하지만 듣기 좋은 말에 지나지 않는다. 위원회는 여전히 생산 제한을 고려하고 있다. 전후 세계의 초과생산 능력이 9만 7,000톤에 달할 것이라는 추정이 이를 반영한다. 그러나 가격 인하로 소비를 촉진한다는 제안은 어디에도 없다.

차, 밀, 주석, 고무와 같은 품목에 대한 전후 국제 협정의 초안을 마련하면서 제한주의적 정신을 행사하려고 한다면 모두 다시 생각할 필요가 있다.[2]

국제 차 위원회의 견해에 맞선 영국산업연맹의 발언은 더욱 현명하고 정치가답다.

국제상품협정 연장이 바람직할 수는 있지만 완전한 해결책은 아니다. 우리는 세계 경제가 확장될 미래를 상상해야 한다. 이를 위해서는 소극적 정책이 아닌 적극적인 정책이 필요하다.[3]

요약하면 국제상품협정은 원자재 가격의 안정화를 위한 전 세계의 노력에 분명히 큰 역할을 할 것이다. 그럼에도 불구하고 국제 협정은 관세와 선박 보조금을 비롯해 경제의 무기고 안에 있는 다른 익숙한 보호주의적 무기와 마찬가지로 차선의 해결책이다. 결과적으로 협정은 매우 신중하게 사용해야 한다. 되도록 생산과 소비의 전반적인 확대에 중점을 두고, 다른 가격 안정화 방안과 연계해 활용해야 한다.

농업조정청 방식의 접근법

농업조정청은 미국에서 10년 이상 운영되었다. 따라서 농업조정청의 정교한 생산 및 가격 통제 시스템은 세계적 차원의 계획에서도 적용할 수 있는 유형으로 진지하게 검토되어야 한다. 그러나 국제 협정에 의해 채택될 프로그램이라기보다는 국가적 차원의 농업 통제에 해당한다는 것이 적절하다. 즉 농업조정청 유형의 협정은 수출을 제한하는 세계 협정에 참여한 여러 국가의 내부에 필요한 후속 조치가 될 수 있다. 세계적 협정이 여러 국가들의 자국 국경 안, 그리고 자국의 생산자 사이에서 제도를 이행하는 수단까지 규정하기는 어렵다. 그러나 농업

조정청의 기법이 미국과 다른 국가의 문제를 해결하는 데 어떤 기여를 할 수 있는지는 생각해 볼 수 있다.

농업조정청이 수행하는 기능은 매우 다양해서 어느 해에는 만족스러운 성과를 내는가 하면 그렇지 못한 해도 있다. 따라서 농업조정청이 없었더라면 더 나은 성과를 거둘 수 있었을지도 모를 사례에 집중하는 부정적인 비판의 목소리가 커지기 쉽다. 그러나 최소한의 중립성을 가지고 보더라도 농업조정청이 다루는 문제가 미국이 직면한 문제 가운데서도 특히 난해한 것이고, 완벽한 해결책은 없으며, 최대한 정보에 입각해 마련한 조치도 예측 불가능한 기상 여건이나 전쟁으로 인해 잘못된 것으로 판명이 날 수 있다는 점을 인식해야 한다.

사실 농업조정청은 매우 독창적이고 유연한 통제 수단이다. 이론적으로는 감산을 강제하는 것은 물론 풍부한 생산을 장려하기 위해서도 활용될 수 있다. 압도적인 다수결 표결로 직접 제안한 할당량 제도를 통과시켰고 지방 행정 체계를 활용해 농업 관련 업무를 대개 원하는 방향으로 처리했다. 의지에 다소 반하는 일이었지만 곡물 및 면화 비축분을 대규모로 확보했고 이것은 전쟁 중에 유용하게 쓰였다.

농업조정청의 가장 심각한 단점은 그것이 유사 카르텔이라는 점이다. 농업조정청은 앞서 언급한 국제상품협정에 내재된 것과 똑같은 제도적 약점을 미국 내에서 재현한다. 즉 생산자와 소비자 모두 정책 결정에 참여할 수 있지만 개인의 이익 추구가 우선되며 생산자가 주도권을 갖는 경향이 있다.

농부들이 농업조정청을 지배해 왔으며, 자신들이 누릴 자격이 있다고 믿는 재정적 이익을 얻기 위해 농업조정청을 상대로 강력하고 효과적인 정치적 압력을 행사해왔다는 사실은 부인하기 어렵다. 농부들에게 이러한 행위는 전적으로 옳고 적절한 것으로 보였을 것이다. 정의와 공정한 보상을 위해 열심히 싸우는 것이 무엇이 문제인가? 그러나 공정한 시각으로 보면 이 논리에는 심각한 결함이 있다. 물론 농부들도 누구 못지않게 자신의 권리를 위해 열심히 싸울 수 있다. 그러나 정부에 막강한 힘을 행사해서 자신들이 원하는 것을 보장하라고 요구할 권리는 없다. 애초에 농부들이 정부에 도움을 호소한 것은 그들의 처지가 절박했기 때문이다. 긴급한 상황을 고려해 농부들은 특별한 지원을 받을 수 있었다. 벌이가 되지 않는 다른 분야에 종사하는 사람들과는 달리 그들만이 누린 특권이었다. 농민의 불행이 궁극적으로 부당한 권력의 원천이 될 위험은 없을까? '단지' 자신이 누려 마땅하다고 믿는 것을 온전히 누리기 위해 정부를 활용할 수 있는 집단이 다른 집단보다 상대적으로 훨씬 더 많은 것을 얻으리라는 점은 분명하다.

농업조정청의 기법은 본질적으로 풍요보다는 제한을 지향하는 경향이 있다. 잉여가 만성적인 해악으로 여겨지는 상황에서 개별 작물의 생산과 소비 사이의 균형을 달성하기 위해 농업조정청이 유일하게 신뢰할 수 있는 수단은 생산 제한이다. 대규모로 소비를 촉진할 방법이 없고, 막대한 긴급 수요가 발생하기를 바라며 두세 가지 품목을 대규모로 비축하는 위험을 감수할 여유도 없다. 따라서 농업조정청의 상평창은 넓은 시야로 풍요를 향해 내딛는 발걸음이 아니라 주저하는 방식으로 기능한다. 사실, 최근 몇 년 동안 정부가 대량으로 면화와 밀 재고를 비축한 것은 의도적인 계획에 따른 것은 아니었다. 유리한 날씨와 집약적인 농사 기업의 조합에 의해 정부가 떠안은 재고이다. 농업조정청은 이러한 재고를 자산이 아니라 골칫거리로 여겼다.

농업조정청을 신랄하게 비판하는 사람들은 더 나아가 1943년 미국의 식량 자원이 전시 수요를 충족하기에 불충분했다는 사실을 들며 농업조정청의 제한주의적 프로그램을 비난한다.[4] 이것은 부당한 비판이다. 지난 10년 동안 농부들이 원하는 대로 생산하고 판매하도록 허용했다면 미국이 더 많은 밀과 옥수수 재고를 확보했을 것이라고 판단할 근거는 없어 보인다.

농업조정청의 접근법에 대한 우리의 평가는 국제상품협정에 대한 평가와 본질적으로 같다. 두 접근법 모두 가격 폭락을 방지하는 수단으로서 실행 가능하다. 하지만 둘 다 제한restriction과 희소성scarcity을 지향한다는 근본적인 결함이 있다. 두 접근법 모두 균형 있는 풍요를 강조하고 장려하는 다른 기법과 통합될 필요가 있다.

브라질의 커피 생산량 통제

우리가 유용한 상품을 파괴하는 어떤 계획에도 동조하지 않는다는 것은 말할 필요도 없다. 여기서 브라질의 경험을 언급하는 이유는 단일 상품을 대상으로 하는 통제 계획은 필연적으로 축소에서 해결책을 찾을 수밖에 없음을 충격적일 정도로 명료하게 보여주기 때문이다. 잠재적인 수요가 존재한다는 것은 의심할 여지가 없었다. 그러나 브라질에서 생산된 커피를 모두 소비할 만큼의 구매력을 전 세계에서 창출하기 위해 브라질이 할 수 있는 일은 아무것도 없었다. 미국의 철강 산업은 불황기에 생산 능력의 절반도 안 되는 가동률로 운영되었다. 근본적으로 같은 이유에서 브라질은 커피 4500만 톤을 태워 없앴다. 안타깝게도 이러한 조치는 단일 상품이나 단일 산업이 매우 비탄력적이고 불충분한 시장 수요에 적응하기 위해 실행할 수 있는 유일한 수단이다. 브라질의 경우 커피를 수매해서 태우는 것이 수요에 비례해 수확량을 줄이는 것보다 더 실용적인 방법으로 입증되었다. 이것이 시사하는 바는 분명하다. 확장을 추구하는 프로그램은 한두 가지 품목이 아니라 여러 종류의 기초상품을 대상으로 해야 한다.

연방농업위원회의 접근법

미래 사용에 대비해 상품 재고를 비축해야 한다고 주장한다면 1929~1933년 미국 연방농업위원회의 경험을 주의 깊게 연구해야 한다.

이 기관은 대규모 수매를 통해 밀과 면화 가격 형성을 지원했다. 기관이 수매를 중단하자 가격이 폭락했고 위원회는 보유한 재고를 처분하며 막대한 손실을 입었다. 이 사례는 제한 및 통제regimentation 프로그램이 없다면 정부의 인위적인 가격 조정valorization이나 구매 계획은 크게 실패할 것이 거의 확실하다는 것을 입증하는 많은 사례 가운데서도 가장 극단적인 증거로서 끊임없이 거론된다.

통제 장치가 없는 정부 수매는 실패한다는 결론은 정부의 인위적인 가격 조정, 즉 상품이 (보통 해외에서) 적절한 가격 수준에 판매될 때까지 정부가 사들여 가격을 지지하는 유형의 제도 대부분에 폭넓게 적용된다. 반면 가격 변동을 줄이는 것은 부차적인 목적이고 미래 사용에 대비해 상품을 매수하는 포괄적인 정책에는 이런 결론이 맞지 않다. 후자는 수세기 동안 큰 성공을 거둔 중국 상평창의 본질적인 특징이다. 역사적으로 전시 비상 사태에 대비하기 위한 물자 비축과 금 매수 및 보유 정책도 마찬가지이다.

미래의 세계 경제 프로그램은 수요와 공급의 일시적인 불균형을 상쇄하고 큰 폭의 가격 변동을 막기 위해 1차 상품의 완충재고를 형성하는 계획을 포함할 것이 확실하다. 완충재고의 성격이 준상업적이고 시장에서 재고를 신속히 처분하는 데 중점을 둔다면 그 프로그램은 제대로 작동하지 않을 것이다. 반면 여러 필수 요건 가운데서도, 특히 ① 비축분이 세계의 진정한 부의 일부로서 기능할 수 있고, ② 비축의 기본 역할이 인류의 무한한 소비 수요를 예측하고, 자극하고, 충족시킨다면 그 프로그램은 제대로 작동할 것이다.

결론

앞서 간략하게 논의한 네 가지 접근법 가운데 어느 것도 우리의 무조건적인 지지를 얻지 못한다. 세계 원자재 계획에는 이전과는 다른 무엇이 필요하다. 아무리 새롭고 완벽한 메커니즘도 반드시 기존에 시도했고 충분히 파악한 기법과 밀접한 관련이 있어야 한다. 만성적인 잉여 작물의 경우, 국제상품협정과 국내 규제 조치가 실제로 불가피하고 이론적으로도 정당화될 수 있다. 균형 있는 풍요라는 더 넓은 목표와 함께 통제 수단을 종합적으로 고려하는 데서 그 정당성이 비롯된다. 단, 제한주의적 통제는 (필요하지만 일시적인 폐해를 수반한다는 점에서) 예외이며 전 세계의 생활 수준이 발전함에 따라 제한주의적 통제의 중요성은 점차 줄어들 것이다. 다음 장에서는 목표와 통제 수단을 결합하여 자세히 설명하겠다.

"세계 원자재 계획은 이전과 달라야 한다.
아무리 새롭고 완벽한 메커니즘이더라도
반드시 기존에 시도했고 충분히 파악한 기법과
밀접한 관련이 있어야 한다."

Benjamin Graham

5장

원자재의 국제적 안정화를 위한 구체적 제안

Benjamin Graham

"금 본위제를 지지하기 위해 제시할 수 있는 모든 합리적인 논거가
더욱 강력히 적용되며, 동시에 형식적 결함도 없다고 말한다면 옳을 것이다."

프리드리히 하이에크 Friedrich Hayek
「상품준비통화A Commodity Reserve Currency**」《이코노믹 저널》(1943, 6~9월호)**

"행복하고 평화로운 세상은 곳간이 채워진 세상이다."
클레어 레이튼 Clare Lieghton **『이 날을 주소서**Give Us This Day**』(1943)**

가격 수준에 대한 예비 가정

안정화의 전제는 '안정적인 가격 수준'이다. 1944년에 글을 쓰는 어느 누구도 금이나 달러화, 또는 다른 어떤 것으로 표시하더라도 기초 상품의 적절한 가격 수준을 미리 결정할 수 없다. 하지만 우리 제안의 원칙과 메커니즘은 그것이 적용될 가격 수준과는 무관하다. 그러나 좀 더 명확한 설명을 위해 한 개 이상의 특정 가격 수준을 가정해 보겠다. 우리는 1944년 초와 거의 같은 1926년의 달러 기준 평균 가격 그리고 1937년 평균을 기

준으로 계산할 것이다. 전쟁의 장기화로 인해 더 높은 기준 가격이 필요하다고 입증되면 그에 비례하여 우리가 가정한 가격도 높일 수 있다. '영국의 사회보장제도'에 관한 베버리지 보고서Beveridge Report도 현재 물가 수준을 기준으로 한 수치를 사용했으며 추후 조정될 수 있다고 밝혔다.

1부: 상품 전반 또는 상품군의 안정화

1. 제안의 개요

예를 들어 국제상품회사International Commodity Corporation(이하 'ICC')와 같은 국제 기구는 1차 상품의 합성물이나 상품군commodity unit을 구매하고 보유하며 판매한다. 한 개의 상품군은 15개 이상의 품목으로 구성되며, 품목별 상대 수량은 전 세계 생산량과 수출량에 상응하여 구성된다. 안정적인 가격보다 약간 낮은 총가격에 상품군을 취득할 수 있을 때마다 구매가 이루어진다. 판매는 총가격이 안정 가격 수준보다 약간 높을 때 이루어진다.

ICC는 자본을 조달할 국제통화기금(이하 'IMF')의 자회사로 운영하는 것이 가장 바람직하다. IMF는 현재 논의 중인 다양한 계획(케인스, 화이트 등)에 따라 환율 안정화를 위한 기관이 될 것이다. 자금은 참여국 중앙은행이 IMF에 예치금 형태로 공급할 것이므로 해당 중앙은행의 통화준비금의 일부로 간주될 수 있다. 이러한 방식으로 ICC가 보유한 상품군은 세계 통화와 동등하게 기능할 것이다.

상품은 기본적으로 구매한 국가에서 보관한다. IMF의 채권국은 보관 비용을 부담하는 조건으로 적절한 양의 상품군을 인수하고 실물로 보유할 권리를 갖는다.

2. 세부 설명과 논의

1) 상품군

시험적으로 15개 품목을 [표 1]에 요약했다. 상대 수량을 도출하는 방법도 표에서 제시했다. 전체 원자재 가운데 선정한 15개 품목의 관계는 [부록 1]에 표로 정리했다. 이 가운데 9개 원자재는 세계 생산 가치와 세계 무역 가치 기준으로 모두 주요 순위에 있다. 밀, 옥수수, 설탕, 면화, 양모, 담배, 석유, 석탄 및 목재 펄프가 여기에 해당한다. 선철은 세계 생산량 기준으로 1위이지만 세계 교역량은 1위가 아니다. 나머지 5개 품목(커피, 차, 고무, 구리, 주석)에서 주석은 세계 교역량 기준으로 1위이지만 생산량은 1위가 아니다. 상품군을 구성하는 품목 가운데 약 8

표 1 1937년 실제 생산량, 수출, 가격을 기준으로 15개 품목으로 구성한 상품군 예시

A. 세계 생산량 기준

상품	생산		평균가격(B) (단위: 센트)	총가격(AxB) (단위: 백만 달러)	100달러당 생산 수량
	단위	수량(A) (단위: 백만)			
밀	부셸	3,858	112.0	4,325	15.0
옥수수	부셸	4,592	67.0	3,077	17.7
면화	파운드	16,280	12.0	1,954	65.0
양모	파운드	3,612	30.0	1,084	14.4
고무	파운드	2,550	18.5	472	10.1
커피	파운드	3,668	8.9	327	14.5
차	파운드	1,032	22.5	232	4.0
설탕	파운드	55,000	2.6	1,430	213.1
담배	파운드	3,850	32.0	1,232	149.0
농산물 합계				14,133	
석유	배럴	1,968	124.00	2,440	7.6
석탄	롱톤	1,300	404.00	5,252	5.0
목재펄프	파운드	51,200	2.05	1,050	200.0
선철	롱톤	90	23.00	2,070	0.35
구리	파운드	4,943	0.13	643	19.2
주석	파운드	440	53.00	233	1.71
비농산물 합계				11,688	
총계				25,821	

• 러시아, 중국 제외

B. 세계 수출량 기준

상품	수출		100달러당 수출 수량	100달러당 생산-수출 평균	
	수량 (단위: 백만)	총가격 (단위: 백만 달러)		수량	총가격 (1937년 가격 기준)
밀	633	709	90	12부셸	13.40
옥수수	514	345	7.51	12 1/2부셸	8.40
면화	7,423	891	108.7	87파운드	10.50
양모	2,400	720	35.1	25파운드	7.50
고무	2,550	472	37.3	24파운드	4.50
커피	3,668	327	53.7	34파운드	3.00
차	989	223	14.5	9 1/4파운드	2.10
설탕	26,350	685	386.0	300파운드	7.80
담배	1,207	386	17.7	16.3파운드	5.20
농산물 합계		4,758			62.40
석유	340	422	5.0	6.3배럴	7.80
석탄	123	497	1.8	3.4롱톤	13.70
목재펄프	14,200	289	208.0	204.0파운드	4.20
선철	7.5	113	0.11	0.23롱톤	5.30
구리	3,500	455	513.0	35.0파운드	4.50
주석	440	233	6.4	4.0파운드	2.10
비농산물 합계		2,069			37.60
총계		6,827			100.00

분의 5는 농산물이며 약 3분의 1은 식품이다.

상품군을 구성하는 품목수는 예를 들어 25~30개 까지도 늘릴 수 있다. 처음에는 관리가 용이한 품목수로 운영하고 경험이 쌓이면 1년에 한 품목씩 점진적으로 상품군을 확장하는 것이 가장 좋다.

2) 상품군 구매

상품군을 구성하는 품목의 세계 가격은 주요 선적항 본선인도조건free on board기준 달러 환산 가격으로 계산한다. 따라서 세계 무역 거래에서 이미 익숙하고 쉽게 결정할 수 있는 수출 가격에 해당할 것이다. 상품군의 총 가격이 기준가의 95% 수준으로 떨어지면 ICC는 상품 거래소를 포함해 세계 수출 시장에서 15개 품목 모두를 적정량 매입한다. 이것은 원자재 수입국의 정기적인 상업적 구매와 매우 유사할 것이다. 주요 시장에서의 다양한 구매는 관련 생산 또는 수출에 비례하여 이루어져야 하지만 이어서 설명할 보관에 관한 협의에 따라 달라질 수 있다. 선물을 할인된 가격에 구매할 수 있는 경우에는 언제든지 현물을 인도하고 선물 계약을 구매할 수 있다.

3) 보관 협약

보관 비용은 합리적인 기준에 따라 생산국, 보유국, 참여자 간에 분배하는 것이 좋다. 보관의 부담은 ICC의 구매로 가장 직접적인 혜택을 받는 판매국에게 있다. 각 국가는 자국이 ICC에 판매한 상품을 2년 이내, 무상으로 보관하는 데 동의해야 할 수도 있다. 생산자 또는 상품거래소는 정부의 감독 아래에서 보관의 부담을 질 수 있다. 상품이 임시로 내륙에 보관되는 경우, 생산국은 요청이 있을 때 선적항으로 배송을 완료해야 한다.

IMF에 자금을 예치한 국가, 즉 구매 자금 조달을 지원한 국가는 최대 동일한 물량을 자체적으로 보관할 수 있는 특권을 가져야 한다. 자국 이익의 전반적인 보호를 위해 자체 보관을 원할 수 있다. 이 경우, 해당 국가는 선적이 가능한 가장 가까운 항구에서부터의 배송비를 지불하고 이후 보관 비용도 부담해야 한다. 그런 다음 ICC의 대리인으로서 해당 물품을 보관하며, 유리한 조건일 때 언제든 개별 상품을 인출하고 선물 계약으로 대체할 수 있는 특권을 갖는다. 채권국은 ICC로부터 기준가와 같은 가격에 상품군을 구매하고 같은 금액의 금전 채권(예치금)을 포기할 수도 있다.

구매 후 2년이 지난 후에도 생산국에 보관 중인 상품군은 ICC가 가장 경제적인 요율로 보관 비용을 부담한다. 보관 협약에는 판매 가능한 상태를 유지하도록 상품을 적절히 순환시키는 조항이 포함된다.

4) 상품군 처분

ICC는 상품군의 가격이 기준가의 105% 수준까지 상승할 때마다 해당 상품군을 매도한다. 이를 위해서는 시장이 105% 가격 수준에서 해당 상품군을 소화해야 하고 매도 가능한 상품군이 있어야 한다. 따라서 매수와 매도는 전적으로 자동적으로 이루어진다. 매수 가능 수량은 무제한이다. 매도 수량은 보유 중인 물량에 한하며 그 밖에 수량을 제한하는 요인은 없다.

앞서 말했듯이 '보유국'은 향후 더 저렴한 선물 계약으로 대체할 수 있다면 개별 상품의 현물을 언제든지 자유롭게 매도할 수 있다. 이는 ICC가 보유한 모든 상품에 동일하게 적용된다. 이 거래에서 발생하는 수익은 ICC에 귀속된다.

5) 자금 조달

ICC는 IMF에 채권을 판매해 자금을 조달한다. 이 채권에는 명목이자율이 적용된다. IMF는 이 채권을 참가국 중앙은행이 보유한 예금과 자본금으로 구성된 부채에 대한 준비자산reserve assets으로 보유한다.

ICC의 운영과 관련된 금융 거래는 일반적인 국제 무역에서 발생하는 금융 거래와 유사하다. 제네바, 런던, 뉴욕 등 본사의 위치는 자금 이체에 영향을 미치지 않아야 한다. 자금 이체는 우선 IMF 장부상의 중앙은행 계좌로 입금 및 출금하는 방식으로 이루어질 수 있다. 본질적으로 ICC의 구매는 공급국에서 자금 제공국으로의 수출과 동일하다. 미국은 판매와 자금 조달 측면에서 모두 중요한 역할을 할 것이다. 이것은 민간 생산자로부터 정부가 구매하는 것과 같은 경제적 효과를 가져온다. 또한 보관 협약에 따라 미국은 ICC가 미국에서 취득하는 상품과 최소한 같은 규모의 상품군을 실물로 보관하게 된다.

6) ICC의 운영 범위 및 재정적 효과

상품군의 총 가격을 정상가(기준가)의 95% 수준으로 유지하는 데 필요한 구매량을 정확히 계산할 수는 없다. 그러나 몇 가지 잠정적인 결론이 가능하다.

발표된 7개 원자재의 세계 재고 가격은 1929년부터 1932년까지 약 50% 상승했고 1937년에는 원래 수준으로 돌아갔다. 같은 기간에 물가지수는 약 60% 하락했고 그 후 하락분의 약 3분의 2를 회복했다(경기현황조사 연평균 수치 기준). 이 기간에는 전체 농산물 생산량에 큰 변화가 없었지만 광물 생산량은 크게 변동했다.

기초 상품의 정상 재고량은 평균 약 3~4개월 분량인 것으로 파악된다.[1] 따라서 3년에 걸친 극심한 불황의 영향으로 증가한 재고량은 연간 생산량의 15% 정도로 보인다. 가격이 정상보다 약간 낮은 수준에서 유지된다면 생산이 크게 증가할 것으로 기대할 이유는 없어 보인다. 그러나 구매력이 높아져 극심한 불황 때보다 소비는 크게 증가할 것이다. 따라서 연간 생산량의 15%는 총 3년 동안 가격 수준을 유지하는 데 필요한 최대 흡수량이다. 즉 연간 가격 수준을 유지하는 데 필요한 최대 흡수량은 연간 생산량의 5% 수준이라고 계산할 수 있다. 이러한 구매가 3년 동안 연속적으로 이루어져야 할지는 의문이다. 그 전에 가격이 상승세로 돌아설 가능성이 높기 때문이다. 가격 하한선의 심리적 효과, 생산자의 소득 증가에 따른 직접적인 경제적 효과 그리고 다음에서 설명할 개별 상품을 위한 안정화 프로그램의 추가적인 지원도 고려해야 한다.

15개 품목 기준으로 구성한 상품군 운영에 필요한 총 자금은 약 50억 달러로 추정할 수 있다. 상품군의 품목수가 25개로 늘면 필요 자금은 최대 70억 달러에 달할 수 있다. 상품군을 취득하는 동안에 해당 금액만큼 세계 통화 공급에 추가된 것으로 간주할 수 있다. 반면에 경기 침체기에 비축된 상품군의 상당 부분은 경제 활동이 확대될 때 소비로 유입될 것이라고 예상할 수 있다. 이 범위 내에서 비축된 상품군의 자체 청산과 자체 자금 조달이 이루어질 것이다.

7) 세계의 상평창

ICC가 보유한 상품군은 완충재고로서 전후 세계의 수요를 충족시킬 것이다. 이러한 재고는 경제 성장기에 세계 시장을 둔화시키고 가격 수준을 떨어뜨리는 과잉 생산의 영향을 완화할 것이다. 수요가 공급을 초과할 때도 가격 급등을 방지하는 완충 역할을 할 것이다.

ICC의 상품 보유고가 장기적으로 꾸준히 증가할 것이라는 가정은 논리적으로 보인다. 즉 기본적으로 매수가 매도를 초과하는 경향을 보일 것이다. 실질적 부로서의 가치와 비상시를 대비한 보유고로서의 가치가 보관 비용을 충분히 상쇄하고도 남는다고 주장하며 재고의 꾸준한 확대를 강력히 지지하는 목소리가 있을 수 있다. 전쟁 가능성이 여전히 존재하는 한, 특히 미국과 같은 예탁국의 관점에서 볼 때 대규모 비축이 필요하다는 주장은 더욱 힘을 얻는다. 미국은 ICC가 보유한 상품군에서 미국의 지분만큼 국내에 보관할 수 있고 그것은 막대한 가치를 지닌 군자금으로 여겨진다.

각 국가는 ICC의 매수 및 매도 정책에 협력해야 하지만 비축된 상품의 사용에 대해서는 개별 행동이 자유롭다. ICC를 대신하여 재고를 보유할 수 있는 권리 외에도 각 예탁국은 당연히 재고를 상품군 단위로 매수하고 인수할 수 있는 권리를 갖는다. 예를 들어 미국은 상품을 보유하는 방식으로 사회보장 준비금을 쌓을 수 있다. 이것은 미래의 특정 용도를 위해 대규모의 상품을 비축하는 합리적인 정책이다.[2]

ICC의 보유 자산이 합의된 최대치를 초과하지 않도록 표준 메커니즘을 정할 수 있다. 상품 보유고가 최대치에 도달하면 예치국은 미래 구매량에 비례해 재고를 인수하도록 요청받는다. 또한 각 국가는 원자재 소비를 늘리기 위한 사회적 조치를 시행해야 하며, 정확한 방법은 각국이 결정한다. 식품, 섬유 및 연료 분야에서는 배급표stamp 방식을 적용할 수 있다. 금속의 경우 공공사업 프로그램을 통해 소비 확대에 영향을 미칠 수 있다.

잉여 식품과 면 제품을 저소득층에 무료로 배포하는 미국의 배급표 계획은 수년간 운영되면서 별다른 비판을 받지 않았다. 배급표 계획은 전쟁이 끝나기 전에 부활할 것으로 예상된다. 배급표는 뉴딜 조치 가운데서도 가장 혁명적인 발명이었을 것이다. 이 사실은 신중하게 검토할 가치가 있다. 새로운 경제 장치가 반드시 불건전하지만은 않다는 것을 보여준다. '사용 가능한 사람들에게 잉여분을 사용할 수 있도록 한다'는 핵심 명제를 더욱 가깝고 직접적으로 다룰 수록 현실적이고 가치 있는 계획으로 입증될 가능성이 높다는 의미는 아닐까?

흥미롭게도 영국 사업가들이 이러한 방식으로 잉여분을 처리하는 것을 고려하고 있다. 보수당은 정부가 보편적이고 바람직한 생활용품의 대량 구매에 자금을 지원할 수 있다고 제안했다. 자유주의 산업가 새뮤얼 코톨드Samuel Courtauld는 한 발 더 나아가, 불황기에는 정부가 이러한 물품을 사들일 뿐만 아니라 저렴한 가격에 유통시키거나 국내외 빈곤층에게 무료로 나눠줄 수도 있다고 제안했다. "정말로 필요로 하지만 너무 가난해서 일반 시장에서 살 수 없는 사람들에 한해 물품이 배포된다면 일반 대중의 수요를 훼손하지 않을 것이다. 오히려 이 제도는 그들의 근로소득을 보호해 소비재 수요가 정상적인 수준을 유지하는 데 도움이 될 것이다."[3]

우리는 (상대적으로 부유한) 자금 예치국이 ICC의 최대 보유량을 초과하는 구매량의 상당 부분을 생활 수준이 낮은 다른 국가에 기부할 것을 추가로 제안한다. 이러한 자선 활동은 도덕적 만족감을 주는 것은 물론 세계 평화와 번영이라는 형태의 막대한 배당금으로 돌아올 것이다.

2부: 개별 상품을 대상으로 한 국제 협정

상품군 단위로 매수 및 매도하면 개별 품목의 가격에 영향을 미치는 시장 요인에서 충분히 자유로울 수 있다. 예를 들어 상품군 한 단위의 가치는 100으로 유지되지만 작황이나 기타 사건으로 인해 옥수수 가격은 0.80달러에서 1달러로 상승하고 면화는 0.20달러에서 0.15달러로 하락할 수도 있다.

우리는 자유롭고 건전하게 작동하는 경제 시스템에서 개별 가격이 상당한 수준의 유연성을 갖는 것이 가장 중요한 필수 요소라고 확신한다. 필요한 생산을 장려하고, 덜 필요한 생산을 억제하며, 손쉽게 공급할 수 있는 채널로 소비를 유도하는 데 시장의 판단은 매우 중요한 기능을 수행한다. 그러나 시장 가격 변동의 효용성에는 한계가 있다. 이러한 한계는 개별 상품의 가격이 상대적으로 변동할 때보다 전체 상품 가격이 큰 폭으로 등락할 때 훨씬 더 명확히 드러난다.

기초 상품 생산자가 시장의 판단에 따라 수익성이 낮은 품목에서 고수익 품목으로 자유롭게 생산을 전환할 수 있다면 개별 가격 변동에 대한 어떤 식의 간섭도 반대하는 주장에 훨씬 더 힘이 실릴 것이다. 그러나 현실은 그렇지 않다. 전 세계 설탕 생산 능력이 다른 식품에 비해 과도하다는 것이 확실하다고 해서 쿠바의 사탕수수 재배업자가 당장 채소 재배로 전환할 수는 없다. 핫스프링스에서 열린 식품회의에서 장기적으로 이러한 불균형을 바로 잡고자 했지만[4] 그 작업에 얼마나 많은 시간과 노력이 필요할지는 아무도 모른다.

이러한 이유로 우리는 전후 계획에서 만성적인 공급 과잉 상태인 특정 상품에 대한 국제 협정이 필요하며, 이러한 종류의 협정에서 상당한 수준의 생산 제한을 요구할 수 있음을 인식한다. 앞서 언급했듯이 밀, 설탕, 커피, 고무 및 주석에 대해 전 세계적으로 이러한 정부 간의 협정이 발효되었거나 적어도 준비되기 시작했다. 육류, 목재 및 차에 대해서는 좀 더 제한적인 규모로 협정이 시행되고 있다.

우리는 제한주의적 조항이 있는 개별 상품 협정과 경제에 전적으로 확장주의적인 영향을 미치는 상품군 기반의 광범위한 안정화 메커니즘 사이의 관계를 명확히 설정하고자 한다. 이러한 관계에서 개별 상품 협정은 보조적이고 보완적인 역할을 수행해야 한다. 구체적으로 우리는 해당 상품이 10년 이동 평균가격 또는 이 지표를 대신하는 잠정 기준가의 80% 미만으로 떨어졌을 때만 협정의 효력이 발생하고, 1년 동안 10년 이동 평균가격(또는 기준가)의 100% 이상을 유지하는 경우 효력이 정지될 것을 제안한다.

이러한 협정은 커피 및 밀과 관련한 최근 협정의 형태로 체결되어야 한다. 즉 소비자의 이익을 실질적으로 대변할 수 있어야 한다. 생산 제한, 시장 할당, 별도의 완충재고 조성 등에 관한 조항이 포함될 수 있다. 협정의 영향이나 결과로 해당 상품이 파괴되지 않도록 모든 노력을 기울여야 한다. 국제 기구(예: ICC)는 파괴될 위기에 처해 있는 상품을 인수하기 위해서 특별 조치를 취해야 한다.

이러한 재고를 직간접적으로 상업 시장에서 완전히 퇴출시키는 조항이 마련될 수 있다. 가격 안정화와 관련한 상품군 제안을 보완하기 위해 어느 정도의 특별 협약이 필요할지 예측하기는 어렵다. 물론 전체 안정화 계획 안에 각 품목이 포함되어 있으므로 개별 협약의 필요성은 크게 줄어들 것이다. 기본적인 불균형은 서서히 스스로 시정되고 특정한 경우 개별 협정이 확실히 작동할 것이다.

전반적인 가격 안정화 계획과 개별 상품 협정의 상호 작용으로 실현할 수 있는 여러 가지 이점이 있다. 개별 협정의 필요성을 반드시 줄여야 한다는 사실은 이미 언급했다. 제한주의적 측면에 대한 비판을 완화하기 위해, 개별 상품 협정은 전반적인 상품 가격이 견고한데도 불구하고 뚜렷한 약세를 보이는 상품에 한해 적용되어야 한다. 취약한 상품 아래 하한선을 설정하면 상품군의 구성 품목 가운데 희소한 상품의 가격이 과도하게 상승하는 것을 방지할 수 있다. '80%' 하한선 때문에 다른 상품의 가격이 상승할 경우, 합성물의 가격은 더욱 빠르게 기준가의 105% 수준까지 상승하고 비축분에서 매도될 것이다. 이렇게 하여 취약한 상품에 대한 지원은 전반적인 안정화와 균형 있는 풍요를 위한 프로그램이 좀 더 원활하고 성공적으로 운영할 수 있도록 보조하는 역할을 할 것이다.

마지막으로, 제안된 계획은 취약한 상품에 과도한 수준의 원조를 제공하는 것을 방지한다. 개별 협정을 운영하기 위해 설정된 가격 제한은 특별한 지원이 필요하지 않은 상품보다 해당 상품의 가격이 상대적으로 낮은 수준을 유지하도록 설계되었다. 그렇지 않으면 앞서 언급한 것과 같이 취약한 상품의 가격 약세가 카르텔화의 구실로 활용되어 결국 전반적인 상품과 비교해 가격이 훨씬 높아지는 역설적인 결과를 낳을 수 있다. 제안된 임계 가격 수준은 10년 이동평균의 80%로 소폭의 연간 가격 하락을 허용할 것이다. 가격 하락은 일반적으로 2%에서 시작해 점차 가속화될 수 있다. 따라서 취약한 상태가 반복되는 상품의 가격도 경제적 여건에 따라 질서 있게 장기적으로 하락할 것이다.

중요한 추가 질문

이 장에서 우리는 합성물의 안정화와 하위 개별 협정 두 부분으로 이루어진 제안의 개요만을 간략히 설명했다. 상세한 설명과 논증은 우리가 제안한 메커니즘과 관련이 있으며 개념 전달에 필요한 정도로 제한했다. 포괄적인 경제 계획의 경우, 다양한 측면에서 거의 무한정 질문이 제기될 수 있다. 우리의 계획 전체를 평가하는 데 특히 중요하다고 판단되는 주제들은 이 책 후반부에서 더 자세히 다루겠다. 앞으로 다루게 될 주제를 순서대로 정리하면 다음과 같다.

① 상품군의 안정화 vs. 단일 상품 매매
② 제안된 상품군은 얼마나 적절한가?
③ 상품 보유고 계획의 통화적 측면. 외환 안정화를 위한 화이트-케인스 계획 및 상품 보유고 계획이 금의 미래에 미치는 영향
④ 세계적 차원의 다른 경제 계획과 관련된 상품 안정화

지면의 한계로 이 주제와 관련된 가능한 파급 효과를 모두 논의하지는 못한다. 답이 없는 비판과 반대 의견에 과도한 의의

를 부여하지 않기를 독자에게 요청한다. 결점이 없는 중대한 계획은 없다. 단지 결점이 있다는 이유만으로 비난해서는 안 된다. 비난은 그 결점이 계획의 성과에 비해 과도할 때 타당하다.

논의가 중반에 이른 지금, 앞서 관찰한 몇 가지 사항을 바탕으로 다각도의 공격으로부터 우리의 제안을 좀 더 간단히 방어할 수 있을지도 모른다. 완충재고 원칙이 전후 경제 세계에서 중요한 역할을 해야 한다는 주장은 무리 없이 받아들여질 수 있을 것이다. 이러한 완충재고는 매입 또는 상품신용회사가 제공하는 매입 목적의 준대출을 통해서만 조성될 수 있다. 그렇다면 정부가 주도하는 상품 매수 및 매도 계획에 반대하는 주장을 제기하는 것은 무의미하다.

이러한 제도가 시장의 완전한 자유를 어느 정도 간섭해야 하고, 관리와 자금 조달에 매우 어려운 문제를 야기하며, 신중하게 내린 판단이 변덕스러운 날씨 탓에 무의미한 것이 될 수 있다는 점을 인정한다. 그러나 일단 완충재고 원칙이 받아들여진다면 이러한 어려움은 더 이상 논쟁의 문제가 아니라 대처하고 완화해야 할 문제가 될 것이다.

논쟁이 필요하다면 완충재고 개념의 틀 안에서 대안적 선택과 관련한 논쟁이어야 할 것이다. 기본 가격 정책은 무엇인가? 매수 시점과 매도 시점의 간격은 얼마나 넓어야 하는가? 단일 상품을 운영하는 것보다 상품 집단을 매수하는 것이 더 나은가? 완충재고의 규모를 제한해야 하는가? 그렇다면 어떤 방식으로 제한해야 하는가? 모든 매수 프로그램에 생산량 제한이 수반되어야 하는가? 다음 장에서는 이러한 점에 주목할 것이다.

두 번째로, 오랜 역사에도 불구하고 좋은 평판을 얻지 못한 인위적인 가격 조정 개념에 대해서도 의견을 제시한다. 자유방임주의 경제학자들은 정부가 출범한 이래로 가격을 고정하려고 거듭 시도해 왔지만 늘 실패했다는 점을 지적한다. 그들은 인위적인 가격 조정이라는 개념 자체가 명백히 불건전하고 실행 불가능하다는 결론을 내린다. 그러나 "많은 비판과 과거의 실패에도 불구하고 정부는 왜 새로운 인위적 가격 조정 계획을 반복적으로 시도하는가?"라는 질문에는 거의 관심을 기울이지 않은 듯하다. 분명한 이유는, 간단한 해결책은 없지만 어떤 식으로든 개선이 필요한 가격 문제에 국가가 반복적으로 직면하고 있기 때문이다. 따라서 인위적인 가격 조정은 거의 어쩔 수 없는 조치였다. 과거에는 대개 통화 가치 하락에 따른 급격한 물가 상승을 억제하는 것이 정부의 과제였다. 그러나 최근에는 전쟁으로 인해 감당할 수 없을 만큼 낮아진 가격 수준이 문제가 되는 경우가 많다. 이러한 위기는 인위적 가격 조정 방식의 한계를 지적한다고 해서 해결되지 않는다. 또한 이러한 조치가 부분적으로 또는 전적으로 실패하더라도 아예 시도하지 않았다면 위기 당시 고통이 덜했을 것이라고도 말할 수 없다.

또한, 안정화라는 일반적인 목표를 긴급 상황에서의 성과만을 기준으로 평가해서는 안 된다. 그 시점에서는 이미 대부분의 피해가 발생했을 것이다. 골치 아픈 결과가 불가피할 것이며, 안정화 조치는 불가능한 작업을 수행하기 위해 요구될 수 있다. 유일하게 실행 가능한 안정화 기술은 정확히 반대 방향에 있다. 안정화 기법은 비상사태가 발생했을 때가 아니라 그 전에 적용해야 한다. 안정화 기법의 목적은 큰 변동과 심각한 불균형 상태를 해결하는 것이 아니라 예방하는 것이어야 한다.

인위적인 가격 조정에 대한 비판은 역사가 길지만 그다지 설득력이 없다.[5] 이 주제를 다룰 때, 비판의 중심은 언제나 피할 수 없는 인플레이션이나 가격 붕괴를 막기 위해 도입된 즉흥적 조치에 쏠려 있다. 수세기 동안 곡물 가격을 합리적인 안정선에서 유지시키고 가뭄과 기근에 대한 안전장치를 제공한 것으로 알려진 중국의 상평창과 같은 과학적 제도의 성공적인 운영에 관해서는 거의 알려지지 않았다. 애굽의 요셉과 일곱 번의 풍년, 일곱 번의 흉년 이야기는 시대의 지혜로 통한다. 그러나 우리의 경제적 사고는 국가의 안녕을 신중하게 관리하기 위한 단순하고 기본적인 접근 방식에서 더욱 멀어진 듯하다.

Benjamin Graham

6장

상품군의 안정화 VS. 개별 상품의 안정화

Benjamin Graham

"경험에 따르면 단일 상품에 대한 계획은 언제나
① 현재 생산량이나 수출량 제한, ② 공급 파괴, ③ 새로운 생산 능력 제한,
④ 자금 조달 제한(생산자의 공급을 유보시킬 수 있다),
⑤ 시장 할당에 대한 제한 등 한 가지 이상의 제한을
가하는 방향으로 기우는 경향이 있다."[1]

국제노동기구 사무국

원자재를 비축하고 필요 시 그 비축분의 처분을 고려한다는 점에서 지금까지 우리의 제안은 일반적인 생각과 잘 부합하는 듯하다. 국제적 차원의 계획에 관한 많은 참고 자료를 보면 완충재고를 이용해 가격을 안정시키는 역할을 할 수 있는 국제상품회사, 즉 ICC에 대한 조항을 포함하는 경우가 많다. ICC가 작동하는 메커니즘 자체에 관해서는 의견 차이가 클 수 있지만 앨빈 한센Alvin H. Hansen의 설명은 이 주제에 대한 어느 정도 공식적이고 권위 있는 발표라고 할 수 있다. 다음 글은 사실상 중요한 내용을 모두 담고 있다.[2]

디플레이션에 대한 전 세계적인 공격을 준비하는 관점에서, 원자재를 구매, 보관, 판매하고 원자재 시장에서 완충 역할을 하도록 설계된 ICC는 매우 중요하다. 원자재 가격의 디플레이션이 임박했다고 판단할 때 ICC는 저장 가능한 원자재를 대량으로 구매해야 한다. ICC는 각 상품별로 가격의 상한선과 하한선 사이에서 시장의 힘이 자유롭게 작용하도록 허용한다. 가격이 하한선 아래로 내려가는 즉시 매수하고 상한선을 넘어서는 즉시 매도한다. ICC는 가격 상한선과 하한선을 지속적으로 검토해 정상적인 수요와 공급 추세에 맞추어 수시로 조정해야 한다. 기초원자재의 새로운 용도를 발굴하고 정상적인 공급을 정상적인 수요에 맞추기 위해 여러 국가의 정부와 협력해 준準 한계지역 밖으로 자원을 이동시키는 것은 ICC의 중요한 기능이다.

앞선 내용으로부터(그리고 ICC 구상의 주요 지지자들과 필자가 개인적으로 나눈 대화를 근거로) ICC를 별도의 상품을 매수하고 매도하는 방식으로 운영하려는 의도를 분명하게 알 수 있다. 아마도 일시적인 공급 과잉이 예상되는 상품을 매입한 뒤 나중에 적절한 수요가 발생하면 처분하겠다는 계획일 것이다. ICC의 운영

시기 및 범위와 관련해 관리자에게 매우 광범위한 재량권을 부여하자는 제안이 있다. 그러나 미국 국무부 관리가 식량회의에 제출한 자료에 따르면 완충재고 목적의 취득은 '밀, 면화, 설탕, 커피와 같이 평시 국제 무역에서 장기간에 걸쳐 과잉 상태가 지속되고 있는 일부 상품'에 국한될 것이다.

단일 상품 운영에 찬성하는 주장은 언뜻 보기에는 매우 설득력이 있어 보인다. 심지어 상품군을 구성하는 것이 쓸모없고 복잡해 보일 정도이다. 밀 가격이 하락해 도움이 필요한 상황에서 밀뿐만 아니라 공급이 부족할 수도 있는 옥수수와 철 등을 상품군으로 함께 사야 하는 이유는 무엇일까? 우리를 행동에 나서게 한 것이 밀 가격 약세라면 그 행동을 오로지 밀에만 국한시키는 것이 단순한 논리에서도 맞지 않을까.

한눈에 봤을 때 가장 직접적이고 단순한 접근 방법이 좀 더 면밀히 살펴보면 가장 심각한 결함을 숨기고 있다. 이것이 우리의 대답이다. 먼저, 우리가 추구하는 안정화는 균형 있는 생산 확대라는 더 큰 목표를 보조하며 그것에 종속된다는 점을 기본적으로 짚고 넘어가겠다. 이것은 비상사태에 불규칙하게 투입되는 일련의 구조 작업이 아니라 생산 증가, 고용 확대, 소득 증대라는 방향으로 전체 경제를 자극하기 위해 계산된 영구적이고 근본적인 힘이다.

상품 가격이 약세인 상황에서 즉흥적인 운영으로 전체 생산을 장려하는 것은 타당하지 않다. 이유는 명백하다. 개별적이고 지속적으로 가격 약세를 보이는 상품은 경제 전반과 불균형 상태에 있음이 분명하다. 단순히 취약한 상품을 매수하는 것만으로 이 불균형을 바로잡을 수 없다. 오히려 이미 상대적으로 과잉 생산된 품목의 더 많은 생산을 장려할 것이기 때문이다. 취약한 상품에 대한 지원에는 생산을 제한하는 프로그램이 수반되는 것이 불가피하다.

이것이 논의의 핵심이다. 개별 상품을 대상으로 한 운영은 불건전하고 위험하거나 생산 제한 계획의 일부가 될 것이다. ICC가 생산 제한 계획을 중심으로 운영되고 애치슨 차관보의 제안처럼 면화, 설탕, 밀만 다루게 된다면 ICC는 다양한 국제 상품 생산 제한 협정에 의해 운영되는 한 기관에 불과해진다. 그렇게 된다면 우리는 전 세계적인 농업조정청을 갖게 되는 셈이다. 비축분도 있고 상평창이라는 표어도 있을 것이다. 그러나 비축량을 최소한으로 유지하는 것이 통제의 목적이 되어 비축량이 늘어날 때마다 낙심할 것이다. 비축 규모 확대는 해당 상품의 생산을 줄이려는 더욱 과감한 노력이 필요하다는 신호가 될 것이다.

재고 확대를 경계하는 이유는 그것이 과잉 생산된 독립적이고 개별적인 상품이기 때문이다. 보유한 재고는 각각 내재가치를 지니며 미래 활용 가능성이 너그럽게 인정된다. 경험에 따르면 이러한 유형의 재고는 자신감과 결단력을 갖고 마침내 필요해질 때까지 차분히 보유할 가능성이 높지 않다. 보유 규모가 계속 확대되면 그것은 어리석은 인위적 가치 조정 프로그램이 낳은 달갑지 않은 결과로 업계와 대중에게 비춰질 것이다. 매수가 중단되고 시장 가격이 하락하면 장부상 손실로 인해 우려와 비난이 쏟아질 것이다. 따라서 누구라도 수급 상황을 개선하기 위해 생산을 줄이는 것으로 대응할 것이다.

물론 이것은 연방농장위원회 사업의 실제 역사이자 그 속편이다. 연방농장위원회는 1929년 '질서 있는 농작물 유통'을 보장하기 위해 출발했다. 얼마 지나지 않아 공급 과잉과 경제 전반의 붕괴에 직면하면서 밀과 면화의 가격을 지지하는 데 활용되었다. 앞서 언급했듯이 위원회가 보유한 재고는 1933년에 매우 큰 손실을 남기고 청산되었다. 가뭄이 극심했던 1934년과 1936년에 그 비축분을 보유하고 있었다면 손실을 크게 줄였을지도 모른다. 좀 더 나은 결과를 보지 못하고 실패한 연방농장위원회의 사례는 성공적으로 재고를 운영하는 데 따르는 어려움을 생생하게 보여준다. 상업적 관점에서는 재고 운영이 투기적이고 위험하며 불안정한 거래로 보일 것이다. 따라서 관리자는 자신의 판단과 궁극적인 성공에 결코 도움이 되지 않을 끊임없는 비판 공세에 시달린다.

개별 상품의 가격 안정화를 위한 매수 활동을 지지하는 사람들은 앞선 요지에 의문을 제기하지 않을 것이다. 단, 많은 경우 가격 약세에서 매수한 뒤 곧바로 차익실현이 가능한 매도 기회가 뒤따른다고 주장할 것이다. 그러나 '과도하고 지속적인 잉여'에 시달리는 상품의 경우, 안정화를 위한 매수가 생산량 제한 및 조절과 연계되어야 한다는 점은 인정할 수밖에 없다.

우리는 특수한 경우 생산 제한이 예외적으로 용인될 수 있다는 점을 부인하지 않는다. 그러나 생산 제한 조치가 광범위한 안정화 정책에서 필수적인 부분, 아니 핵심이 되는 것은 강력히 반대한다. 가격 지지를 위한 매수는 단일 상품으로 제한하는 것이 우리가 원하는 가격 안정화이다.

이제 상품군 또는 집합을 매수하고 매도하는 대안적 절차에 대해 살펴보자. 이 방식의 장점은 상품군이 곧 건전한 경제적 자산이라는 점이다. 즉 자체적으로 균형이 잡혀 있기 때문에 이를 보유한 기관도 불균형의 위험에서 자유롭다. 따라서 비축분의 규모가 커지는 것을 우려하지 않아도 된다. (5장에서 설명했듯이 기초원자재의 소비를 이끄는 요인은 다양하기 때문에 비축분이 무제한으로 확대될 가능성은 없다)

비축분 확대와 관련한 문제는 매수 자금 조달과 밀접한 관련이 있다. 앞서 지적했듯이, 균형 있는 상품군은 중앙은행의 준비금에 온전히 포함될 수 있다. 그렇게 되면 상품군은 미국 재무부가 금이나 은을 매입하듯 자체 자금으로 매수할 수 있다. 개별 상품에 이러한 특권을 부여하는 것은 타당하지 않다. 여러 가지 조건이 변화하며 오랜 기간에 걸쳐 상품의 상대적 가치가 조정되는 것과는 별개로 주요 개별 원자재의 가격을 고정한다는 뜻이기 때문이다. 그렇게 되면 이미 비정상적으로 과잉생산 상태인 특정 품목을 매수해 수익을 내고 이미 불균형 상태인 품목의 생산을 더욱 자극하는 결과를 낳을 수 있다.

이 사안은 좀 더 넓은 관점에서 생각할 필요가 있다. 안정성과 유연성은 본질적으로 모순되는 용어이다. 둘 다 바람직하지만 각각 다른 하나를 희생해야만 얻을 수 있다. 경제 계획의 건전성은 이 두 가지 목표를 완전히 달성할 수 있는지가 아니라 (불가능하다) 최소한의 비용으로 각 목표의 주요 이점을 제공하는지 여부에 달려 있다.

상품군 제안은 전체 가격의 안정화와 개별 가격의 유연성을 추구한다. 전체적으로는 안정성이 가장 필요하고 부분적으로는 유연성이 가장 필요한데 두 가지 목표를 이상적으로 종합한 것이 상품군 제안이다. 모든 기초 상품의 가격이나 전반적인 물가 수준의 상승과 하락은 때때로 유용한 기능을 수행할 수 있다. 그러나 광범위한 변동은 대개 도움이 되기보다는 피해가 훨씬 크다. 반면 전체 가치가 안정된 상태에서 개별 상품 간의 가격 관계가 변화하는 것은 유용하다. 이러한 변화는 때때로 불건전하고 불안정할 수 있지만 대개 다양한 수급 조건에 따른 자연스럽고 적절한 가격 조정을 반영한다.

여기서 무엇보다 중요한 질문은 이러한 가격 변화가 본질적으로 자정 작용을 하는 것인지 아니면 자기 악화 작용을 하는 것인지, 즉 균형이나 불균형을 초래하는 경향이 있는지 여부이다. 개별 가격 조정은 주로 전자에 속한다. 전반적인 가격 수준이 상당히 안정적일 때, 개별 상품 가격이 상승하면 생산은 늘고 수요는 줄어드는 경향이 있다. 즉 가격 상승을 유발한 요인이 빠르게 조정된다. 전반적인 물가 수준 자체의 변동은 경제에 왜곡된 영향을 미칠 가능성이 높다. 인플레이션과 디플레이션은 자가 증식 능력이 있다. 이른바 자연적인 교정의 힘이 체감될 때는 이미 변동이 너무 많이 진행되고 큰 피해가 발생한 다음이다.

개별 가격이 유연하면 간섭 없이 장기적으로 가격 변화가 가능하다는 큰 장점이 있다. 개별 가격을 안정시키기 위한 모든 노력은 이처럼 장기적인 조정과 상호 작용해야 한다. 많은 개별 상품의 가격을 안정시키기 위한 제안은 장기적인 변화를 감안해 고정된 가격이나 가격 범위가 이따금 불연속적으로 변동하는 것을 불가피하게 허용한다. 관리 정책으로 안정성과 교정력을 모두 확보하는 데 따르는 어려움은 필자가 보기에 거의 극복할 수 없는 수준이다.

반면 기초 상품 전반의 장기적인 가격 변화는 고려할 필요가 없다. 실제로 지난 150년간 그러한 가격 변화는 찾아볼 수 없었다. 또한, 우리의 화폐 단위를 특정한 기초원자재의 집합과 등가를 이루도록 얼마든지 자유롭게 정의할 수 있다. 이렇게 정의되고 고정된 화폐 단위를 중심으로 경제의 다양한 측면에서 온건하고 바람직한 가격 변동이 일어날 것이다.

상품의 합성물이 고정된 금전적 가치를 가질 때 내재하는 문제는 없다. 반면 그 결과로 달성 가능한 가격 안정성은 완벽하지는 않아도 중요한 가치가 있다. 안정된 가격은 상품군이 화폐를 물리적으로 뒷받침하는 기능을 하기에 적합하게 한다. 파생적이지만 결코 사소하지 않은 결과이다. 또한 친숙하고 원활한 금화gold-coinage의 메커니즘을 활용해 상품군의 가격을 안정화할 수 있을 것이다. 상품군은 자체적으로 자금을 조달하고, 이자를 발생시키지 않으며, 필요한 만큼 자체 유동화self-liquidation가 가능할 것이다. 마지막으로, 전 세계가 원하고 반드시 필요로 하는 기본재와 더욱 긴밀하게 연결되어 세계 통화 시스템의 건전성을 향상시킬 것이다.

우리는 상품군을 통화 시스템에서 금의 위치에 배치함으로써 상업적 시장과 건전한 거리를 유지한다. 일반적으로 가격이 약세일 때는 가격을 지지하고 가격이 상승할 때는 상품을 공급하는 등 시장에 미치는 영향은 오로지 안정화의 방향으로만 작용할 수 있다. 따라서 행정권의 재량에 예속되는 대규모 정부 비축분의 존재에 대해 기업이 우려하고 불안해 할 이유는 없다.

상품군이 통화를 뒷받침하는 역할을 할 수 있는 자격을 갖게 될 때, 또 다른 두 가지 결과가 발생한다. 첫 번째로 비축량의 규모에 관한 세계적 정책은 재정적 요인을 고려하지 않아도 된다. 그 대신 실현 가능하고 바람직한 생활 수준에 초점을 맞추어 정책을 유도할 수 있다. 두 번째 결과는 더욱 중요하다. 평상시에 전 세계 생산량을 모두 소비하기 어렵게 만드는 것은 세계의 부족한 재정이다. 상품군의 비축량을 늘리는 과정을 통해 이 문제가 해결될 수 있다. 비축분이 늘어날 때, 원자재 생산자의 금전적 자원도 그에 상응하여 증가할 것이다. 이러한 혜택은 금 채굴의 경우처럼 일부 활동에 집중되는 것이 아니라 전 세계 수백만 명의 생산자에게 널리 분배될 것이다.

개별 상품으로 제도를 운영하는 것보다 상품 집단의 구매와 재고 축적을 선호하는 이유가 여기에 있다. 한편 원자재의 희소성과 관련된 기술적 측면의 반대 의견도 고려해야 한다. 구리가 품귀이고 가격이 상승할 때, 과잉 공급 상태인 다른 품목들과 함께 구리를 사들이는 것은 불필요할 뿐만 아니라 오히려 해가 되지 않을까. 이 질문에 대한 답을 찾기 위해서는 기초 상품의 가격 변동이 일반적으로 어떻게 전개되는지 생각해 볼 필요가 있다.

요점은 사실 세계 필수 원자재의 진정한 부족이나 품귀 현상은 매우 드물게 발생하며, 실제로 발생하더라도 상품군 체제를 통해 상황을 완화할 수 있다는 것이다. 일반적으로 옥수수나 구리 가격 상승은 단순히 수급 상황이 개선되었음을 의미한다. 비농업 제품 분야에서는 거의 언제나 수요 개선이 가격 상승의 원인이다. 수요 증가는 가격 상승과 생산량 확대로 이어진다. 즉 상품이 희소한 것이 아니라 상품에 대한 수요가 견고한 것이다.

농산물의 경우 날씨로 인한 공급량 변동이 가격 변동의 더욱 강력한 원인이다. 하지만 여기에서도 상품이 실제로 부족한 것인지 아니면 수요가 견고하고 강력한 것인지 구분해야 한다. 미국에서 가장 중요한 농산물은 옥수수이다. 생산량이 많은 해에도 흔하게 가격이 오르는데 그 이유는 경기가 호황일 때 육류 소비가 늘기 때문이다. 세계 시장을 고려하면 공급처를 다각화하여 흉작의 영향을 최소화할 수 있다. 세계가 현재 생산량과 이월된 생산분으로 필요한 상품을 구할 수 없는 경우는 드물다. 지난 25년 동안 전쟁 수요와 카르텔 조작의 영향을 제외하고 중요한 상품이 실제로 부족한 적이 있었는지 의문을 가질 만하다. 어느 한 해 작황이 부분적으로 실패하더라도 거의 언제나 다음 철 재배를 늘리기 때문에 충분한 공급으로 이어진다.

당해 연도의 수확량이 심각하게 부족하면 현물 또는 즉시 인도분의 시장 가격이 미래 인도분보다 더 높아지므로 이것으로도 그 사실을 알 수 있다. 이러한 상황에서는 선물 시장에서 더 낮은 가격에 필요한 상품군을 구매할 수 있으므로 현물 수요를 더 늘리지 않는다. 상황을 개선하기 위해 기존 비축분을 손쉽게 활용할 수 있다는 것이 더욱 중요하다. 완충재고 안에서 부족한 상품의 현물 보유분을 매각하고 동시에 향후 인도 받을 물량을 같은 양으로 구매해 대체하기만 하면 된다. 이처럼 비축 재고는 ① 공급 부족을 완화하고, ② 적당한 차익 실현으로 보관 비용을 지불하는 데 활용할 수 있다.

비축분을 이렇게 운영하기 위해서는 적절한 수량의 다양한 중요 원자재가 포함되어 있어야 한다. 이처럼 균형 있는 보유를 보장하려면 구매 정책에 상대적으로 취약한 상품뿐만 아니라 가격이 견고한 상품이 반드시 포함되어야 한다. 상품군의 전체적인 가격이 기준가보다 다소 낮을 때만 구매가 이루어진다는 점을 기억하자. 즉 견고한 상품을 위험할 정도로 높은 가격에 편입할 가능성은 역사에 비추어 볼 때 높지 않다.

현물이든 선물이든 더 저렴한 시장에서 취약한 상품과 함께 견고한 상품을 구매하지 않는다면 추후 가격 흐름에 대해서는 다소 위험한 투기가 될 수 있다. 상품군의 균형을 맞추기 위해서는 견고한 상품이 필요하다. 이런 상품의 견고함은 그것이 일시적인 가격 상승이 아니라 전체 대비 장기적인 상승세에 있다는 의미일 수 있다. 우리는 대표적인 상품 집단에서 장기적인 우상향 추세를 경험했다([표 2]). 이러한 추세는 이른바 '정상가격normal price'을 통제하는 기저의 공급과 수요 상황의 점진적인 변화를 반영한다.

요약하면, 개별 상품을 대상으로 제도를 운영할 때 취약한 원자재에 매수가 집중되고, 생산 불균형이 심화되고, 인위적 가격 조정으로 손실이 발생하며 비판이 제기된다. 따라서 이를 해결하고자 생산 제한을 더욱 강조하게 될 것이다. 반면 상품 집단을 대상으로 제도를 운영하면 모든 단계에서 건전성에 대한 확신을 가지고 운영할 수 있고, 다양한 완충재고를 활용해 취약한 품목을 지원하는 것은 물론 견고한 품목의 일시적인 부

표 2 1913년과 1941년 미국 22개 기초 상품 가격으로 보는 상품의 장기 가격 추세 차이

상품	가격(센트)		1913~1941년 변동폭 (%)	1921~1930년 평균 가격(센트)
	1913	1941		
양모(정련)	0.57	108.0	+89.0	116.0
선철	1,542.0	2,410.0	+56.3	2,150.0
면실유	7.3	10.4	+42.5	10.0
아마씨	136.0	188.0	+38.0	246.0
아연	5.5	7.5	+34.5	6.3
납	4.4	5.8	+31.8	7.0
모든 원자재 (*BLS 지수)	(68.8)	(83.5)	(+21.4)	(96.4)
주석	44.0	52.0	+18.2	48.0
밀	85.0	98.0	+15.3	124.0
모든 농산물 (BLS 지수)	(71.5)	(82.4)	(+15.2)	(98.9)
설탕(정제)	4.3	4.9	+13.9	6.1
석유	93.0	106.0	+13.8	144.0
옥수수	61.0	67.0	+9.8	82.0
면화	12.8	13.9	+8.5	20.0
귀리	38.0	41.0	+7.9	44.0
호밀	57.0	59.0	+3.5	91.0
쌀	4.0	4.6	+1.5	4.6
실크	315.0	293.0	-7.0	589.0
커피	13.2	11.4	-13.6	18.5
가죽	18.4	14.5	-21.2	16.8

보리	70.0	55.0	-21.4	67.0
구리	15.3	11.8	-23.0	14.3
코코아	13.9	7.6	-45.0	9.9
고무	82.0	22.0	-72.2	30.0

• BLS: 노동통계국

족을 완화할 수 있다. 제한주의적 제도는 본질적으로 필요하지 않지만 예외적이고 종속적인 역할이 허용된다. 합성물 단위의 통화준비금 지위에 따라 자체 자금 조달이 가능하다.

개별 상품 거래를 위한 병행 제안

이 장의 서두에서, 자주 언급되는 ICC의 운영 방식을 자세히 설명하는 청사진은 아직 발표되지 않았고 아마도 개별 원자재를 거래할 것으로 예상한다고 언급했다. 그러나 ICC 유형의 상품 기업이 단일 국가 내에서 기능할 수 있도록 신중하게 수립된 계획이 있다. 1939년 영국에서 출간된 호주 경제학자 리오 그론도나Leo St Clare Grondona의 저서 『안전과 안정화를 위한 상품 비축Commodity Reserves for Safety and Stabilization』에서 이를 확인할 수 있다.

그론도나가 지지하는 비축 원칙의 논리적 근거는 필자와 동일하다. 전체 주제에 대한 접근 방식도 서로 매우 유사한데 단 두 가지만 예외이다. 첫째, 그론도나는 여러 상품을 동시에 운용하는 것을 선호하면서도 상품 집단이 아닌 개별 상품 매매를 제안한다. 둘째, 그론도나는 자체 자금 조달 대신 정부 보증으로 회사가 돈을 빌려 개별 상품을 보유할 것을 제안한다. 그의 세부 제안을 요약하면 다음과 같다. 회사가 매년 각 상품에 대한 고정 기준 가격 또는 기준선을 설정한다. 이는 수입업자, 도매업자, 소비자 등을 대표하는 전문가 자문위원회와 협의하여 결정된다. 회사는 최소 12개월 동안 각 상품을 기준 가격의 90% 수준에 무제한으로 매수할 수 있으며 재고 보유 범위 내에서 기준 가격의 110%에 매도할 수 있다.

수요와 공급의 변화를 반영해 궁극적으로 기준가를 낮추거나 올릴 수 있다. 단, 새로운 기준가는 공표 후 1년이 지나야 효력을 발휘한다. 회사는 국가 비축량의 상당 부분을 보관할 도매업체에 저장 공간을 제공한다. 때때로 90%와 110% 수준이 아닌 다른 가격 수준에 시장에서 매매할 수도 있지만 이는 정부의 지시에 따라 보유량을 회전시키거나 전략적 재고를 취득하는 경우에만 해당된다.

그론도나는 회사가 1곡물 연도crop year(수확 시점부터 다음 수확 시점까지의 1년)에 단일 상품을 대량으로 구매해야 할 위험을 솔직하게 다룬다. 1938~1939년 밀 상황을 예로 들면서 그는 회사가 1억 파운드를 들여 전 세계 초과 이월 물량 약 6억 부셸의 90%를 구매해야 했을 수도 있다고 지적한다. 그는 회사가 밀, 옥수수, 양모, 면화, 고무 등을 3년간 수입하는 데 총 4억 파운드를 투자할 것도 각오해야 한다고 밝혔다.

그러나 나중에 감당할 수 없을 정도로 비축량이 늘어날 가능성을 염두에 두고, 그런 경우에는 주석, 구리, 고무처럼 "이해당사자인 생산자들과 생산량을 제한하는 시스템을 마련할 수 있다"고 제안한다. 그는 자의적인 생산 제한에는 원칙적으로 반대하지만 '그 방법이 아니고서는 가격이 폭락할 수밖에 없는 상황이라면' 생산을 제한할 생산자의 권리를 인정한다.

그론도나의 운영 원칙을 따르는 국제 상품 회사도 생각해볼 수 있다. 전문가 위원회가 각 상품별로 1년간 유효한 최고 및 최소 국제 가격을 설정하는 것은 영국 기관이 기준가를 정해서 영국에 수입되는 상품에 적용하는 것보다는 훨씬 더 난이도가 높을 것이다. 본질적으로 필자는 관리가격managed price에 회의적이며, 매년 기준가 범위를 설정하는 데 엄청난 정치적, 경제적 어려움이 있을 것이라고 믿는다. 위험은 실제로는 그렇게 크지 않을 것이다.

그론도나의 상세한 논의에는 현실과 동떨어져 보이는 중요한 지점이 한 가지 있다. 그는 자신의 계획이 모든 비축 대상 상품에 공정하고 균등한 방식으로 운영될 것이며, 따라서 모든 상품을 대상으로 국가적 안전과 가격 안정을 위한 비축분을 형성할 것이라고 가정한다. 그는 본질적으로 취약한 상품에 대해서만 이 계획이 작동할 가능성, 즉 가격이 꾸준히 하락할 한두 가지 상품의 재고만 계속해서 비축하게 될 가능성은 고려하지 않는다.

우리는 이 메커니즘이 미국의 연방농장위원회와 어느 정도 비슷한 방식으로 운영될 수 있으며 소속이 영국이든 국제적 회사이든 결국 밀, 면화, 설탕, 커피 등 기본적으로 과잉 생산 상태에 있는 몇 가지 상품의 재고만 보유하게 될 위험이 있다고 생각한다. 이러한 심각한 불균형의 위험 때문에 우리는 단일 상품 접근 방식을 거부하고 상품군 접근법을 택했다.

독자들은 그론도나가 가격 안정화를 위한 접근법으로 상품 합성물과 개별 상품 운용의 상대적 장점을 어떻게 평가했는지 궁금할 것이다. 그론도나 자신은 이 질문을 제기한 적이 없지만 영국 경제학자 로이 해로드 경Sir Henry Roy F. Harrod의 글에서 이에 대한 흥미로운 언급을 발견할 수 있다. 그는 '다수의 특정 품목의 가격'보다는 전반적인 가격 수준의 안정화 가능성을 생각한다. 금이 고정 가격을 갖는 것처럼 '개별 상품을 고루 갖춘 표본을 명시된 가격'에 구매하면 가능할 것이라는 제안이다. 그는 이것이 개별 가격을 인위적으로 조정하는 것보다 이론적으로 더 타당할 것이라면서도, "우리의 계획을 여론에 따라 수정해야 한다면 그론도나의 계획보다 당장 실행할 수 있는 가능성이 낮다고 간주해야 한다"며 한발 물러선다.[3]

50여 년 전 위대한 경제학자 앨프리드 마셜Alfred Marshall은 상품이 아닌 금과 은의 조합을 대상으로 한 계획을 제안했다. 즉 금과 은의 고정된 조합이 뒷받침하는 종이 화폐를 발행하고 각각의 가격이 서로 연동해서 변동하도록 하는 계획이었다. 왕립 금·은 위원회의 위원 모두가 이 대칭적인 방식의 장점을 인정했지만 대중의 지지를 얻기에는 너무 많은 시간이 필요했기 때문에 제안은 거부되었다.

건전하다고 여겨진 경제적 구상이 대중에게 생소하다는 이유로 받아들여지지 못한 것은 고요한 빅토리아 시대에 놀라운 일이 아니었다. 그러나 현재와 같이 '엄청난 조정, 빠른 진화'[4]의 시기에는 어제 생소했던 것이 내일 보편적인 것이 되기도 한다. 표본을 추출해 검증하지는 않았으므로 경제 혁신에 대한 대중의 태도에 관해 말하는 것은 다소 주제넘은 일일 수 있다. 세계의 지도자들은 전후 문제를 해결하기 위해 새로운 접근 방식과

용기 그리고 상상력이 필요하다고 끊임없이 강조한다. 결함이 있는 과거의 방법에서 벗어나는 것을 대중이 받아들일 뿐만 아니라 실제로 열망할 것이라는 그들의 기대는 당연해 보인다.

영국의 위대한 경제학자 윌리엄 제번스William S. Jevons의 종합적 접근에 대한 논의를 참고로 살펴보면서 이 장을 마무리하겠다. 70여 년 전, 그는 '돈과 교환의 메커니즘Money and the Mechanism of Exchange'이라는 제목의 글에서 이렇게 강조했다.

> 하나의 단일 상품이 아니라 각각의 수량과 품질이 엄격하게 정의된 다양한 상품 소량의 집합으로 전환 가능한 법정 종이 화폐를 발명할 수는 없을까? 100파운드 지폐는 소유자에게 양질의 밀 4분의 1, 일반 상업용 주철 1톤, 보통 품질의 면화 100파운드, 설탕 70파운드, 차 5파운드 및 그 가치를 구성하기에 충분한 기타 물품을 요구할 권리를 부여할 수 있다. 물론 상품의 상대적 가치는 변동하겠지만 이 지폐를 가진 사람은 일부 상품에서 손실을 보더라도 다른 상품에서 이익을 얻을 것이므로 지폐의 구매력은 평균적으로 일정하게 유지될 것이다. 실제로 이 지폐와 교환되는 물품은 지속적으로 소비되는 물품이다. 따라서 일부 특정 용도로 사용되는 금이나 은

과 달리 이 지폐의 구매력은 꾸준히 유지되어야 한다.

기초 상품군으로 전환 가능한 화폐의 근본적인 건전성을 잘 설명하는 글이다. 하지만 제번스는 다음과 같이 덧붙이며 이 구상을 일축한다.

> 현실에서 그러한 법정 화폐는 분명히 불편할 것이다. 여러 가지 잡다한 상품을 강제로 소유하고 싶은 사람은 아무도 없을 것이다.

제번스가 머릿속에서 자신의 구상의 함의를 더 이상 발전시키지 않은 것은 분명하다. 그는 전문가들의 작업을 통해 화폐와 상품 간의 전환이 실제로 대규모로 이루어지고, 그 결과 일반 소유자가 따로 조치를 취하지 않아도 통화 가치를 안정시킬 수 있는 장치를 상상하지 못했다.

그러므로 앨프리드 마셜과 윌리엄 제번스를 드높여 상품 대칭주의commodity-symmetallism, 즉 화폐와 상품 간의 양방향 전환 가능성을 확립한다는 개념을 낳은 지적인 아버지라고 불러도 무방하지 않을까?

Benjamin Graham

7장

만족스러운 상품군의 기준

Benjamin Graham

"실제로 이 지폐와 교환되는 물품은 지속적으로 소비되는 물품이다.
따라서 일부 특정 용도로 사용되는 금이나 은과 달리
이 지폐의 구매력은 꾸준히 유지되어야 한다."[1]

윌리엄 제번스

우리는 15개 주요 상품으로 구성된 초기 상품군을 제안했다. 구성 품목의 숫자는 계획을 운영하는 과정에서 쉽게 늘릴 수 있다. 예를 들어 검증 기간이 완료된 후 매년 하나의 품목씩 간단히 추가할 수 있다. 이는 15개 상품으로 품목을 제한할 때 실제 운영이 가능하고 만족스러울 수 있지만 더 많은 품목을 활용해 더 나은 결과를 얻을 수도 있음을 시사한다. 이러한 낙관적인 판단을 뒷받침하는 사실과 논리는 무엇일까?

먼저 상품군의 검증 기준에 대한 개념부터 설명하겠다. 상품군은 다음 세 가지 기준을 충족해야 한다.

① 상품군의 가격이 안정화되면 반드시 다른 재화 및 서비스 가격도 합리적인 수준에서 안정화되어야 한다.

② 일부 상품이 다른 상품보다 부당하게 좋은 대우를 받도록 임의로 상품군을 구성해서는 안 된다.

③ 해당 상품군이 통화준비금에 해당한다고 가정한다면 상품 집단 전체가 화폐를 만족스럽게 뒷받침하거나, 화폐의 등가물이 되어야 한다.

이 검증 기준을 15개 품목으로 구성된 상품군에 적용하기에 앞서 독자들이 심각해지지 않도록 미리 밝혀두겠다. 이것은 수학적 증명의 문제가 아니어서 결과에 만족하는 정도가 사람마다 다를 수 있다. 결과가 마음에 들지 않는 비평가들은 우리의 제안이 매우 유연하다는 점을 기억해 주기 바란다. 상품군을 구성하는 품목수는 결국 행정적 간소화와 상품의 적절한 범위라는 상충되는 목표 사이에서 찾은 타협점이다. 이 문제는 생활비, 도매가격 또는 상품 선물의 시장 가격을 반영하기 위해 상품을 대표하는 지수를 구성할 때 본질적으로 존재하는 문제이다. 어떤 숫자가 최적의 결과를 낼지 미리 알 수는 없지만 시험과 경험이 쌓일 수록 도움이 될 것이다.

먼저, 상품군을 구성하는 방법을 간략히 설명하면 도움이 될 것이다. 상품군을 구성하는 주요 목적은 1차 원자재의 안정화이다. 따라서 중요하고, 필요하고, 안정적이며, 쉽게 비축할 수 있는 상품을 구성 품목으로 선택하게 될 것이다. 일반적으로 상품의 중요도는 세계 생산량이나 세계 교역량에서 금액 가치가 큰 순서대로 매겨진다. 중요한 것은 '세계 교역량'이다. 국제적인 상품으로서 중요도를 판단하는 요소가 세계 교역량이기 때문이다.

첫 번째 단계로, 1937년에 국제연맹이 발표한 '원자재 문제' 연구에서 검토한 주요 상품 목록을 참고했다([부록 1]). 1935년 총 수출액이 최소 1억 달러 이상인 품목을 임의로 1순위 기준으로 할 경우 식품 10개, 철광석과 선철 등을 포함한 비식품 11개 품목이 추려진다. 21개 품목 가운데 상대적으로 부패하기 쉬운 버터, 돼지고기 제품, 쇠고기는 제외했고 실크는 80%가 일본에서 생산되고 상당 부분이 나일론으로 대체될 것이 확실하므로 제외하였다. 쌀은 세계 교역의 대부분이 일본과 종속국 사이에 이루어졌기 때문에 제외했고 목재는 중요한 종류가 매우 다양해서 비축하기에 복잡할 수 있어 제외하였다. 이렇게 해서 15개 주요 품목으로 구성된 상품군을 만들었다.

두 번째 단계로, 단위 내 각 품목의 상대적 수량을 결정한다. 특정 기간의 총 수출량 또는 총 생산량에 비례하면 자연스러울 것이다. 일시적인 차이를 완화할 수 있도록 일반적으로 평균 5년 이상의 기간을 사용한다. 그러나 몇 건의 연구를 참고한 결과 1937년 단일 연도의 데이터를 사용하는 것이 가장 간단하며 우리의 목적에 부합했다. 전 세계의 상대적인 생산량을 기준으로 삼아야 한다는 주장과 상대적인 교역량을 기준으로 삼아야 한다는 주장이 모두 설득력이 있기 때문에 각 요소에 동일한 가중치를 부여하여 절충하는 것이 최선으로 보인다. 5장 [표 1]의 데이터와 계산법을 근거로 상품군의 구성 품목을 도출했다.

마지막 단계는 상품군의 가격 수준을 결정하는 것이다. 이 가격이 높게 혹은 낮게 설정되는지에 따라 상품군 내에서 각 상품의 절대적 수량은 영향을 받지만 상대적인 구성 비율은 달라지지 않는다. 따라서 시험적으로 하나의 가격 수준(예: 1937년 취득 가격)에서 시작하여 간단한 비중 조정만으로 다른 가격 수준으로 변경할 수 있다. 현재 시점에서 전쟁 후 기초 상품의 가격 수준을 제시하는 것은 불필요하고 신중하지 못하게 보인다. 대신에 우리는 1937년 가격 수준과 그보다 20% 높은 1926년(및 1942년)의 가격 두 가지를 기반으로 구성한 15개 품목의 상품군을 보여주는 것으로 만족했다. 1937년 수준에서 1926년 가격 수준으로 조정하려면 상품군을 구성하는 각 품목의 실물 수량을 5분의 1씩만 줄이면 된다.

상품군을 구성하는 품목은 거의 모두 전쟁 중인 현재와 그 이전에 상당 기간 실제로 비축되었다. 따라서 이들 상품의 합성물이 완충재고 운영에 적합하다는 것은 의심할 여지가 없다. 보관 비용은 개별 상품에 따라 다르다. 이 문제는 [부록 3]에서 주의깊게 다루었다. 비축의 물리적 문제만을 고려한다면 우리가 제안한 상품군은 보관 비용과 관련하여 비정상적이거나 특별히 골치 아픈 문제를 만들지 않을 것이라고 확신한다.

구성 품목의 등급이나 품종에 관한 질문도 언급할 필요가 있다. 고무, 구리, 주석과 같은 특정 품목의 경우, 단일한 표준이 있거나 '지불 수단으로서 제공 가능한tenderable' 등급이 상업 생산의 대부분을 차지하며 이런 등급의 제품에 거래가 국한될 수 있다. 그러나 상품군을 구성하는 품목 대부분은 상업적 용도로 상당히 많은 수의 개별적인 유형이 존재하며 2~6개 주요 등급이 연간 생산량의 대부분을 차지한다. 이러한 상품을 중요 유형별로 균형 있게 매수할 수 있도록 적절한 정책이 필요하다. 이러한 행정적 문제는 포괄적인 비축 계획에서 반드시 다루어져야 한다. 이는 주요 수출 시장별로 공평하게 물량을 나누어 취득하는 것과 기술적으로 유사하다. 세계는 이미 비축에 관한 기술적 경험이 상당하기 때문에 이와 관련해 심각한 어려움은 없을 것이다.

상품군의 가격과 전반적인 물가

이 장의 서두에서 언급한 기준으로 돌아가서, 가장 먼저 고려해야 할 사항은 상품군 가치의 안정화가 다른 가격 수준에 미치는 영향이다. 이는 상품군을 구성하는 품목과 세계 경제를 구성하는 재화 및 서비스의 복합체 사이의 관계에 따라 크게 달라진다. 이러한 관계에는 양적 측면과 질적 측면이 있다. 양적인 측면만 놓고 보면 15개 품목은 전 세계 상품 생산량과 국제 무역에서 지배적인 비중은 아니더라도 매우 중요한 부분을 차지한다. 안정화 문제의 본질적인 특성과 관련하여 생각할 때, 상품군의 규모는 실제로 매우 크다는 것을 알 수 있다.

통계에 따르면 1937년 러시아와 중국을 제외하고 15개 품목의 전 세계 생산 규모는 약 260억 달러에 달했다. 전 세계 수출액은 60억 달러를 넘어섰다.

세계 생산량과 교역량은 국제연맹의 문서와 기타 권위 있는 연구의 관례를 따라 산출했다. 중국의 생산량 수치는 단순한 추측에 불과하기 때문에 세계 총계에서 제외되었다. 중국의 수출은 추정이 가능하므로 세계 교역량에 포함되고 경우에 따라 다른 국가들의 총 세계 생산량에 추가했다. 러시아의 생산량을 다루는 방식은 매우 다양하다. 국제연맹의 통계는 대부분의 경우 세계 총계에 포함하기에는 지나치게 의심스럽다고 여겨지는 듯하다. 우리는 정확성이 의심스러운 절대적 총계보다는 신뢰할 수 있는 상대적 수량에 더 관심이 있기 때문에 중국과 러시아의 생산 통계 전부를 집계에서 제외하는 것을 최선으로 보았다.

이러한 기술적 사항이 러시아나 중국을 안정화 프로그램에서 제외해야 한다는 것을 의미하지는 않는다. 또한 이들 국가의 숫자를 포함하는 새로운 통계가 작성되는 경우 각 상품별 합계도 러시아와 중국을 반영해 어느 정도 비례하여 증가하는 바, 상품군 구성에 큰 영향을 미치지는 않을 것이다.

1937년 전체 재화의 세계 총 수출액은 약 240억 달러로 상품군의 비중은 4분의 1에 불과했다. 모든 재화의 세계 생산량에 대한 정확한 수치는 없지만 이용 가능한 데이터에 따르면 금액 기준으로 약 1500억 달러(러시아와 중국 제외)에서 크게 벗어나지 않을 것으로 보인다.[2] 따라서 상품군이 전체 재화 생산에서 차지하는 비중은 5분의 1에서 6분의 1 수준일 것이다.

완제품은 가공된 원자재로만 구성되므로 원자재 전체와 상품군을 비교하는 것이 좀 더 논리적일 듯하다. 이를 바탕으로, 우리가 제안한 상품군은 양적 측면에서 훨씬 더 중요해진다. 15개 품목의 연간 가치는 금액 기준으로 유제품 및 육류 제품을 제외한 모든 원자재의 절반 정도이며, 주요 비非저장성 품목인 유제품과 육류 제품을 포함할 경우 전체 원자재의 약 40%에 달한다. 이 비율은 전 세계 생산량과 미국 생산량 대비와도 대략적으로 일치한다([부록 1]).

구조적 측면으로 넘어가면 전반적인 가격 안정화에서 중요한 것은 시범 상품군을 구성하는 품목이다. 먼저, 완제품은 원자재 가격 변동과는 무관하게 불안정성이 크지 않다. 완제품 수준에서 큰 변화는 모두 나중에 발생하며 기초 상품의 변동에 비해 백분율 측면에서 훨씬 작은 변화라는 것은 통계로도 분명히 확인된다. 익숙한 거래 상대방 사이에서는 기본적으로 변경된 가격보다 변경되지 않은 가격으로 거래를 반복하는 것이 더 쉽다. 완제품 가격에는 바로 여기에서 비롯된 강력한 관성적 요소가 내재되어 있다.

물론 가격은 다양한 요인에 따라 달라질 수 있다. 경쟁이 치열한 분야에서 갑작스러운 결정이나 변덕은 산발적인 가격 변동의 원인일 수도 있다. 수요가 단기적이고 경기에 민감한 완제품 가격이 큰 폭으로 변동한다면 주요 비용 요소에 큰 변화가 있을 때가 유일하다. 이러한 변화는 거의 모든 경우 원재료 요소에서 먼저 발생한다. 이 맥락에서 분석을 확장하면 원자재가 먼저 움직이지 않고는 완제품 가격의 단기적 불안정도 없다는 증거가 더욱 확실해진다. 결과적으로 기본적 재화primary goods의 적절한 안정성은 가공된 재화processed goods의 충분한 안정성을 수반하는 것이 확실하다.

원자재 중에서도 다른 원자재에 비해 상대적으로 안정성이 떨어지는 상품이 있다. 그러나 불안정성의 진원지라고 할 만한 상품은 소수에 불과하다. 여기에는 상품거래소에서 거래되는 주요 국제 필수 원자재가 포함된다. 이런 상품은 많은 국가의 수출에서 중요한 부분을 차지하며, 특정 국가의 전체 경제에서 중요한 부분을 차지하기도 한다. 이러한 상품 시장의 특성으로 인해 원자재 가격은 경기 흐름에 매우 민감하게 반응한다. 이 상품들은 생산 구조상 수요에 대응해 공급을 단기적으로 조정하는 것이 불가능하고 장기적으로 조정하기도 극도로 어렵다.

표 3 국제 협정이나 중요한 국내 통제 조치의 대상인 주요 원자재

A 정부간 협정	B 생산자에 의한 국제 협정	C 국내 통제(A 품목 제외)
소고기 커피 고무 설탕 목재 주석 담배 밀	석탄 커피 철 및 철강 제품 목재펄프	옥수수 면화 우유 석유 쌀 실크 양모

국가 경제에서 이들 상품이 핵심적인 위치를 차지하고 있는 만큼 교환 가치의 커다란 변동은 중대한 의의를 갖는다.

이러한 주요 원자재를 구분하는 간단하고 실용적인 방법은 국제 가격 협정 또는 생산 제한을 위한 중요한 국내 조치가 적용된 원자재 목록을 만드는 것이다. 안정화를 위한 두 가지 접근 방식, 즉 국제 가격 협정과 국내 생산 제한 조치는 모두 많은 어려움과 반대를 수반한다. 따라서 지극히 심각한 해악을 해결하기 위해서가 아니라면 굳이 의지하지 않을 최후의 수단이다. [표 3]의 원자재 목록은 우리가 제안한 상품군이 의도한 목적에 적합하다는 흥미로운 증거를 제시한다. 실제로 15개 품목 모두가 안정화 조치의 대상이었다. 15개 품목 외에 이러한 조치의 대상이 된 주요 원자재는 소수에 불과하다.

이러한 우연이 이상할 것은 없다. 우리는 당연히 국제 무역에서 가장 큰 비중을 차지하는 저장성 상품을 상품군의 구성 요소로 선택했다. 다른 상품이 아니라 중요하고 가격 민감도가 높은 이 상품들이 안정화 노력의 대상이 되는 것은 당연하다.

우리는 제안된 15개 품목이 전반적인 안정화를 요구하는 관점에서 합리적이고 포괄적인 선택이라고 마땅히 주장할 수 있다고 생각한다. 더 자세한 연구가 진행되면 목록에 다양한 변화가 있을 것이며, 총 품목수가 점진적으로 늘어날 수도 있다.

적은 수의 상품으로 시작해서 실제 경험에 비추어 점진적으로 상품군을 확대하는 것이 합리적일 것이다.

상품군 구성 품목에 대한 상대적 대우

세심한 경제학자라면 각 구성 품목의 상대적 수량을 결정하는 우리의 방식에서 쉽게 결함을 찾아낼 수 있고 더 나은 기법을 고안할 수도 있다. 그러나 모든 건전한 비판으로부터 자유로울 수 있는 기법은 없다. 이 문제에서는 깊은 의미보다 표면적인 것이 더 중요하다. 다음 세 가지 사항을 간략히 살펴보자.

첫째, 실제로 필요한 것은 정밀한 계산이 아니라 폭넓게 적용할 수 있는 비례성이다. 둘째, 산술적 기법은 시간이 지나며 개선될 수 있고 심각한 결함이 있다면 즉시 수정할 수 있다. 셋째, 최소한 준準과학적인 우리의 비례적 매매 접근법은 인간의 판단과 그날그날의 비상 상황에만 근거한 비축 정책보다는 상품을 더욱 공정하게 대우할 것이 확실하다.

일부 상품에 대한 국제적 비축의 필요성을 인정하고 나면 추상적인 기대의 영역에서 실용적인 문제로 넘어가게 된다. 옥수수 수량에 비해 밀을 얼마나 확보할 것인지를 어떤 식으로든 결정해야 한다. 국제상품협정과 카르텔은 이보다 어려운 문제를 이미 해결하고 극복했다. 단일 필수 원자재를 대상으로 한 국제상품협정과 카르텔은 합의에 따라 경쟁 국가별로 세계 수출량을 (아마도 세계 생산량도) 할당했다. 합의된 비율이 얼마인지는 관련 국가에 매우 중요했다. 대부분의 경우 그 비율이 지배적인 상품의 생산 방식 전체를 통제했기 때문이다. 한편 가령 최근 5년 평균을 기준으로 할 경우 최근 성장세가 좋아진 국가가 통계적으로 잘 드러나지 않을 수 있어서 수출량을 할당하는 산술적 근거도 명확하지 않았다.

할당에 대해서는 논란의 여지가 클 수 있다. 그러나 토론과 주고받기식 협상을 통해 많은 상품과 관련한 문제를 해결할 수 있었다.

반면 상품군을 구성하는 각 품목의 상대적인 수량은 생산자에게 그다지 큰 문제가 아니다. 어느 한 해에 매수한 완전한 상품군이 전체 생산량에서 차지하는 비중은 극히 일부에 불과해서, 아마 5%만 되어도 비정상적으로 많은 수치일 것이다. 또한 취약한 상품을 대상으로 한 별도의 안정화 노력에 따라, 매수한 단일 상품의 수량이 전체 생산량에서 차지하는 비중과 비교해도 훨씬 작을 수밖에 없다. 따라서 어느 한 품목의 수량이 생산량 기준으로 적정한 수준보다 20% 작게 설정되더라도 이처럼

'불공평한' 대우로 확보된 수량이 상품군 내에서는 적정 수량에 비해 실제로 단 1%만 모자랄 수도 있다. 게다가, 이 사소한 불이익마저도 이후 몇 년 동안 시장이 상승할 때 상품군을 처분해 상쇄할 수 있다. 적정 수량보다 모자라게 편입된 상품은 비축분에서 매도해야 하는 양도 그만큼 적어서 상품군을 처분할 때 현재 생산분과의 경쟁에서 유리하다.

화폐를 뒷받침하는 수단으로서의 적합성

상품군을 화폐 등가물로 간주할 때에도 동일한 논리가 적용된다. 상품군은 포괄적이고 균형 있게 구성되는 것이 바람직하다. 구성에 있어 소수점 셋째 자리까지 정확할 필요는 없다. 경제 생활이 지나치게 복잡해지기 전까지 인류는 한두 가지 금속과 직접 교환되는 화폐로 그럭저럭 잘 살아왔고, 이는 인류의 일상적인 필요를 충족시키는 데 간접적으로 유용한 수단에 불과했다. 세계의 화폐를 기본적 재화의 집합으로 추가로 뒷받침한다고 할 때, 돈과 개인이 필요로 하는 상품이 정확한 비율로 교환될 필요는 없다. 정교하게 구성하지 않아도 상품군은 종이화폐를 만족스럽게 뒷받침할 수 있다. 그러나 유일하게 커피만 포함하거나 구리의 비중이 95%이고 기타 소량의 여러 상품이 나머지 5%를 구성하는 이른바 '상품군'으로 화폐를 뒷받침하는 극단적인 불균형은 피해야 한다.

여기서 우리는 유용한 재화의 등가성 원칙을 논의의 주제로 제시한다. 하나 또는 여러 국가에 명백하게 중요한 재화는 공정한 기준에 따라 다른 중요 재화와 경제적으로 동등한 것으로 간주하는 원칙이다. 『비축과 안정』에서 우리는 사회보장준비기금이 보유할 적절한 자산으로서 상품군의 유용함을 다음과 같이 언급했다.

> 구체적으로, 사회보장법의 수혜자에게 유용한 기초 상품으로만 이루어진 기금이 있다면 이 기금은 그들이 소비하는 실제 공산품으로 구성된 기금과 동일한 금전적 가치를 지니며 국가적으로도 동일한 경제적 가치를 지닐 것이다. 보유한 원자재와 소비하는 공산품을 자유롭고 바람직한 방식으로 교환할 수 있기 때문이다. 반면 유용한 개별 상품을 무제한으로 공급하는 것은 우리가 구상한 상품군만큼 효과를 발휘하지는 못할 것이다. 개별 상품과 소비에 투입되는 다양한 상품의 공급 불균형이 심해서 경제적 가치가 크게 감소할 우려가 있기 때문

이다. 우리의 다각화된 상품군은 이러한 함정을 피할 수 있다.

합리성으로 대표되는 기초원자재 바스켓으로 구성된 상품군의 기본적 효용에 관한 이같은 논리는 여전히 유효하다.

Benjamin Graham

8장

상품과 화폐의 안정성

Benjamin Graham

"미국을 제외한 전 세계에 가장 중요한 것은
미국이 혼란스러운 물가 하락 없이, 그리고 미국 국경 밖에서
혼란을 일으키고 그 자체만으로도 모든 국제 통화 체계를 망가뜨릴
호황과 불황을 반복하지 않고, 안정적으로 번영을 누리는 것이다."

《타임스》(1944. 4. 22.)

개요

우리가 제안한 상품군을 기반으로 한 세계 통화 계획은 케인스 계획과 화이트 계획이라는 이름으로 처음 등장했고 계류 중인 국제 통화 안정화를 위한 제안과 중요한 관계가 있다. 케인스와 화이트의 계획은 현재 기술적 측면에 관한 예비 합의 단계에 이르렀다. 이를 '전문가 계획'이라고 부르겠다.[1] 쉽지 않은 이 주제에 대한 명확한 논의를 위해, 이 장에서 다룰 주요 사항 네 가지를 간단히 설명하면 다음과 같다.

① 전문가 계획에서 IMF는 국제 신용 운영뿐만 아니라 상품준비통화 운영도 담당할 수 있다. 두 가지 기능은 서로 상당 부분 보완 가능하며, 하나의 메커니즘을 통해 효과적으로 운영될 수 있다.

② 전문가 계획은 가격 안정성이 아니라 환율 안정성을 다룬다. 전문가 계획은 신용 운용, 즉 채권국이 채무국에 '국제 화폐'를 빌려줌으로써 안정성을 유지할 수 있다고 제안한다. 반면 상품준비통화를 발행하는 것은 신용 공여 활동이 아니라 화폐 주조 활동이다.

상품준비통화로 국제 신용 확대의 필요성을 완전히 제거하지는 못하더라도 줄이는 것은 가능하다. 따라서 차입국에 과도하게 무담보 신용을 발행하는 위험으로부터 IMF를 어느 정도 보호할 수 있다.

③ 상품준비통화는 국제 통화 영역에서 공식적으로 금과 동일한 지위를 가질 것이다. 즉 원자재 생산국을 금 생산국과 동일한 위치에 놓는다. 상품준비통화는 금을 보완하지만 대체하지는 않는다.

금은 유용한 기능을 수행하지만 미래에 금의 화폐적 지위는 은과 마찬가지로 확실한 내재 가치보다는 관습에 따라 결정될 가능성이 높다. 불안정한 세계 경제와 심각한 불황은 금의 지위를 위협할 수 있다. 우리가 주장하는 것처럼 상품준비통화가 세계 경제의 안정과 확장을 촉진할 경우 다소 위태로운 금의 지위를 보호할 수 있을 것이다. 그러나 온스당 35달러라는 현재 가격은 기존 가격 수준과 비교할 때 견고하지 못하다. 이 수준에서 물가가 안정될 수 있다면 금 가격을 낮추는 것이 좋을 수도 있다.

④ 상품준비통화는 금과 국제 신용에 비해 기본적으로 우월하다. 상품준비통화는 기존의 체제보다 식료품을 우대하는 새로운 태도로 바꾼다. 금융 중심인 세계 경제를 상품 중심에 가깝게 만들 수 있다. 유용한 재화와 서비스를 생산, 교환, 소비하는 전 세계의 진정한 비즈니스에 대한 금융의 간섭을 막을 수 있다.

상품준비통화와 화폐 안정화

상품의 가격 수준이 안정적이라는 것은 정의상 상품의 가격을 측정하는 화폐의 가치가 안정적이라는 뜻이다. 이런 관점에서 상품의 안정성은 화폐의 안정성과 동의어이다. 따라서 우리가 제안하는 국제 상품준비통화는 안정적인 국제 계산 화폐

money-of-account를 의미한다. 이는 방코르bancor*와 유니타스unitas** 등 특수한 화폐, 미국 달러, 금 중량으로 표현될 수 있다. 지금까지는 달러 기준으로 상품 가격의 안정성을 논의했다. 금 가격이 온스당 35달러로 고정되어 있다고 가정하는 한, 안정적인 달러 가격과 안정적인 금 가격은 같은 의미이다. 금의 달러 가치가 변할 것으로 예상할 경우에는 문제가 복잡해진다.

전문가 계획에서 구상한 세계 통화와 우리의 상품준비통화를 비교하려면 기본적인 구분이 필요하다. 케인스와 화이트의 계획은 외환 안정화를 다루었다. 구체적으로 한 국가 화폐의 상대적 가치를 다른 국가의 화폐에 고정하는 것이 목표이다. 이것은 세계 상품 가격 수준을 안정시키는 것과는 분명히 다르다. 우리는 주요 외환 환율이 실질적으로 일정하게 유지되는 동안에도 물가 수준이 불안정하게 변동했다는 것을 알고 있다. 반대로, 가능성은 낮지만 금이나 달러 가격은 안정적으로 유지되는 반면 파운드나 프랑의 시세가 급변할 수도 있다.

외환 안정과 물가 안정은 정의상으로는 무관하지만 실질적

---

* 케인스가 제안한 세계 화폐

** 화이트가 제안한 세계 화폐

으로는 밀접한 관계가 있다. 하나가 불안하면 다른 하나에 위협이 될 수 있다. 외환 안정과 물가 안정은 모두 세계의 미래 번영을 위해 필요하다. 케인스와 화이트의 계획은 원자재 분야에서 상호보완적 조치가 바람직하다고 언급했다. 루스벨트 행정부의 재무장관 헨리 모건도Henry Morgenthau는 미국 재무부 제안의 서문에서, "전후 재건과 개발을 위한 장기 신용을 제공하고 재활과 구호 자금을 제공하며 주요 국제 상품 가격의 안정을 도모하기 위해 또 다른 기관이 필요할 수 있다"라고 언급했다.[2] 그는 이러한 기관이 외환 안정에 집중해야 하는 IMF와는 별개의 기관이어야 한다고 제안했다.

케인스는 국제청산동맹International Clearing Union과 상품 안정화 사이에 더욱 긴밀한 관계를 구상했다. 1943년 4월 8일 자로 작성된 영국의 계획은 '국제청산동맹이 수행할 수 있는 매우 유용하고 가치 있는 추가 기능'에 대한 논의를 포함하고 있다. 이 추가 기능 가운데 세 번째는 다음과 같다.

> 청산동맹은 상품을 관리하는 국제기구를 위해 계좌를 개설하고, 국제기구의 원자재 비축 자금을 지원하며, 합의된 한도까지 계좌에서 초과인출을 허용할 수 있다. 이를 통해 완충재고 및 상평창 운영과 관련된 재정적 문제

에 효과적으로 대처할 수 있다.[3]

케인스 경의 계획에서 언급된 다섯 번째 추가 기능은 '가격 안정성을 유지하고 무역 사이클을 통제하기 위해' 청산동맹의 권한을 사용하는 것과 관련이 있다. 케인스는 이를 위해 국제경제위원회, 국제 투자 또는 개발공사 그리고 '필수 기본재의 재고를 통제하기 위한 상품 통제 기구'라는 세 가지 보조 기관의 설립을 구상했다.

우리는 상품의 완충재고에 구체적인 화폐적 성격과 기능을 부여할 것을 제안한다. 이 점에서 우리는 앞서 언급한 케인스 경의 구상을 넘어선다. (케인스 경은 반드시 필요한 것이 아니라 청산동맹을 위해 활용 가능한 보편적 체계를 제안했다) 물론 우리는 미국 통화 계획의 개요에서도 상당히 벗어났다. 그러나 물리적으로 보유한 1차 상품의 양에 뒷받침하는 통화를 공급한다는 우리의 기본 철학은 영국의 국제 통화 개념보다는 미국의 통화 개념에 가깝고, 따라서 주로 화이트 제안의 철학에 기반한 전문가 계획의 조항에 좀 더 가까이 있다.

상품준비통화는 본질적으로 상품을 거래하는 수단이기 때문에 재화와 서비스의 상호 교환이라는 대외 무역의 기본 개념에 자연스럽게 부합한다. 이러한 상호 교환에 실패할 경우 세계는 금 선적, 신용 연장 등 차선책에 의존한다. 케인스 계획과 화이트 계획은 민간 은행은 공급할 수 없는 가용 신용, 이른바 국제 통화를 만들려는 계획이다. 따라서 그 신용의 내재적 건전성에 어느 정도는 의문을 제기해야 한다. 또한 본질이 아닌 부차적인 이익이 운영을 정당화할 수도 있다. 이것은 공정한 상품 거래라는 단순한 미덕에서 케인스 계획과 화이트 계획을 한 걸음 더 멀어지게 한다.

무역적자가 발생한 경우 적자를 해소하는 최선의 수단은 금 선적이나 신용장 부여가 아닐 수 있다. 재화의 상황을 점검하고 설령 그 시점에서 채권국이 원하는 재화가 아니더라도 재화를 동원하고 배정하여 수지 균형을 맞추는 일이 불가능한지 확인하는 편이 더 현명한 방법일 수 있다. 금은 언제나 수요가 있는 상품으로서 기능해 왔지만 그것은 단지 현대 무역 채널에 진입하거나, 구매자를 찾거나, 다른 재화와 경쟁할 필요가 없었기 때문이다. 세계 무역을 촉진하기 위해 필요한 것은 국제 신용의 영역을 넓히는 것이 아니라 금이 지닌 선호재로서의 지위를 훨씬 더 고유한 효용이 있는 다른 제품으로 확장하는 것이다. 즉 '상업 은행 원칙의 보편화'[4]가 아니라 '금 결제 원칙의 보편화'라고 할 수 있다. 상품군은 이 기능을 매우 바람직하게 수행할 수 있는 장치이다.

이 글을 쓰는 시점에서, 전문가 계획이나 이와 유사한 계획이 정말로 실행될 것인지 확신할 수는 없다. 그러나 논의를 위해 이러한 계획이 채택된다고 가정하고 다음과 같이 묻겠다. "상품군 계획과 화폐 안정화 계획은 상호 배타적인가, 상호 보완적인가 아니면 완전히 독립적인가?" 우리는 이 두 가지 구상이 결코 적대적이지 않으며, 기본적으로 상호 보완적이지만 별개의 독립체로 볼 수 있고 독립적으로 기능한다고 대답할 것이다.

케인스와 화이트 계획은 (심지어 후속 제안까지) 이미 수없이 다루어진 만큼 그 내용을 자세히 설명하는 것은 불필요하다. 여기서는 적자수지 국가에 자금을 지원해 환율을 안정적으로 유지하고 그 결과 해당 국가가 지급 의무를 이행할 수 있도록 하려는 제안이라는 정도로만 언급하겠다. 총 지원 규모에는 제한이 있고 조건에 따라 달라질 수 있다. 가장 최근의 제안은 각 나라의 화폐 가치를 금을 기준으로 고정하는 것으로, 따라서 각 통화는 다른 모든 참가국의 통화에 대해서도 가치가 고정된다. 필요한 경우 금의 가치를 질서 있게 변경할 수 있는 조항이 있다.

IMF의 자본금은 약 90억 달러이며 금과 현지 통화로 출자된다. 일반적으로 채무국의 통화와 채무국이 필요로 하는 통화나 금을 교환하는 방식으로 운영된다. 예를 들어 미국이 다른 모든 국가 대비 일방적으로 유리한 무역수지를 지속할 경우, IMF

는 미국이 기여한 금과 그 외에 IMF가 기존에 보유하고 있던 금을 점차적으로 다른 나라에 돌려줄 것이다. 그 후, IMF의 자본은 처음의 금 대신 채무국의 통화를 보유하는 것으로 표시된다. 그러나 회원국이 채권국과 채무국의 지위를 번갈아 갖는다면 IMF의 자산 구성은 수시로 달라질 것이며 더 좋은 자산을 더 나쁜 자산으로 끊임없이 대체하지 않고서도 기금의 기능을 수행할 수 있다.

상품군 제안은 IMF가 채무국에 자금을 지원하는 방식이 아닌 그 반대이다. 상품군이나 상품군을 구성하는 품목을 IMF에 판매하는 국가는 IMF에 금을 판매하는 국가와 같다. IMF는 예치금을 받고 대가로 실물 자산을 넘겨준다. 자산은 추후 화폐로 사용할 수 있다. 따라서 상품군 메커니즘의 본질은 IMF가 채무국에 자금을 지원할 필요성을 줄이는 것이다. 채무국은 상품군의 일부를 제공함으로써 지급 의무를 이행하고 지불하고 부채에서 벗어날 수 있다. 즉 MF의 신용 시스템은 상품군으로 결합할 수 있는 가용 원자재가 없는 경우에 한해서만 가동된다.

상품군의 화폐화로 경상수지 적자국의 모든 문제를 해결할 수 있다는 말은 결코 아니다. 대부분의 국가는 상품군을 구성하는 원자재를 수입 대금 잔액만큼 추가로 생산할 능력이 없다. 생산이 가능하더라도 개별 상품의 가격이 과도하게 하락할 것을 우려해 한두 가지 주요 품목의 생산량만 늘리지는 않는다. 어느 한 국가가 상품군 전체를 온전히 생산하고 제공할 필요는 없다. 그러나 상품군을 구성하는 각 품목의 국가별 생산량은 상품군 전체의 전 세계 생산량에 부합해야 한다. 따라서 IMF의 신용 메커니즘은 많은 경우 목적을 달성할 수 있다.

상품군과 신용 운영을 결합하면 이상적인 보완 관계를 기대할 수 있다. 상품군은 고유한 재정 능력이 부족한 많은 원자재 생산국의 장기적인 수지 균형을 촉진할 것이다. 그렇게 되면 반복적으로 가격 구조가 무너지면서 급성으로 발생하는 단기적 문제는 사라질 것이다. 이번 장의 첫머리에 인용한《타임스》의 경고와 같이 막강한 미국조차도 이러한 가격 붕괴에 매우 취약하며 모든 통화 체계를 무너뜨릴 수 있는 영향력을 가지고 있다. 한편 신용, 즉 대출 시스템은 국제 금융의 일시적인 어려움을 완화하고 대외 무역 전반에서 균형을 달성해야 하는 국가들의 숨통을 틔워줄 것이다.

IMF가 상품준비통화와 신용을 나란히 운영할 수 있다고 낙관하더라도 지금껏 제기된 다양한 의구심을 해소하기는 어려워 보인다. 따라서 문제의 몇 가지 측면을 더 자세히 확대해서 볼 필요가 있다. 현재 논의 중인 계획들은 국제 화폐로 ① 금, ② IMF의 자본 및 예금(케인스의 방코르, 화이트의 유니타스와 유사하다),

③ 상품군 기반 화폐를 상정하고 있다. 이 세 가지 화폐의 관계에는 세 가지 중요한 점이 있다.

첫 번째, 미국식 접근 방식에서 IMF의 신용 운영은 미국이 수출 대금 잔액을 지급받는 또 다른 (다섯 번째 정도) 수단에 그칠 가능성이 높다. 차라리 쓸모 있는 재화나 용역으로 지급받는 편이 더 나을 수도 있다. 이것은 이 계획의 특징일 뿐 비난하려는 것은 아니다. 적자수지 문제에 대해 불완전한 해결책이라도 있는 편이 전혀 없는 것보다는 낫다.

두 번째, 단순히 전 세계 연간 금 생산량 대부분을 결제 수단으로 받아주는 것만으로도 미국은 무역 흑자국 지위를 유지할 수 있을 것이다. 금의 내재가치에 대한 신뢰가 클수록 유서 깊은 전통을 이어갈 이유는 많아진다. 그러나 이것은 다른 국가에 금에 대한 충성심을 새로이 요구하고 그 대가로 신용을 제공함으로써 금의 가치를 국제적으로 검증하려는 화이트 계획(및 그 후속 계획)의 목표와 공존할 수 없는 해결책이다. 이런 간절함은 세계의 은행 시스템에서 금이 공식적으로 인정받는 것과는 별개로 오히려 금의 실제 가치에 대한 불신을 초래한다.

세 번째, 새로운 경제 철학은 돈보다 유용한 재화와 서비스의 생산을 중시한다. 이것이 타당하다면 국제 통화 분야에서도 이러한 개념이 등장해야 한다. 상품군 기반 화폐의 경우 유용한 재화가 곧 돈이라는 점에서 특별한 가치가 있다. 채권국에게 상품군 기반 화폐는 IMF에 대한 청구권보다 분명히 유리하고 금보다 가치가 덜 모호하다. 또한, 상품군은 교환 가치가 급격히 변동하지 않는다. 이러한 상품군의 특징이 자국의 생산성을 건전한 국제 화폐로 전환하는 기회를 모든 국가에게 제공할 것이다. 이 세 가지 요점은 다음 장에서 자세히 설명하겠다.

"상품군 메커니즘은
IMF가 채무국에 자금을 지원할 필요성을 줄인다.
채무국은 상품군 일부를 제공하고 부채에서 벗어날 수 있다.
그러면 IMF의 신용 시스템은 상품군으로 결합할 수 있는
가용 원자재가 없는 경우에 한해서만 가동된다."

Benjamin Graham

9장

세계 화폐로서의 상품, 금, 신용

Benjamin Graham

"소비에트 화폐의 안정성은 무엇보다도 국가가 보유한
막대한 규모의 상품과 그 상품의 안정적인 유통 가격에 기인한다.
이것이 금 보유고보다 더욱 현실적인 담보라는 사실을
부인할 경제학자가 있을까?"[1]

이오시프 스탈린Joseph Stalin(1933)

화이트 계획과 케인스 계획에 대한 많은 비평은 오늘날의 화폐 문제에 대한 경제학자들의 생각이 얼마나 크게 다른지 보여준다. 벤저민 앤더슨Benjamin Anderson과 같은 보수적인 학자들은 두 계획 모두 과감한 치료법이 필요한 해악을 위장하고 있어 문제를 더욱 악화시킬 것이라고 단언한다. 제이콥 바이너Jacob Viner는 이러한 종합적 계획이 전후 경제에 필수적이라고 생각하면서도 정작 세부 조항을 평가하는 부분에서는 매우 까다롭다.[2] 한스 나이서Hans Neisser는 국제준비은행을 구상하는 영국의 계획을 선호하면서도 세계 무역 자금 조달을 지원하는 납입자본

금 구상도 역시 좋아한다. 그는 금 본위제 옹호론자들의 견해와는 정반대로 화이트 계획이 제시하는 금 고정 가치가 미국에 불리하고 대영제국과 러시아에는 유리하다고 주장한다.[3] 반면에 프리드리히 루츠Friedrich Lutz는 "금은 두 계획 모두에서 매우 불필요하고 심지어 골칫거리"라고 말한다.[4]

이러한 견해 차이의 실마리를 찾으려면 많은 비평가가 예상하는 전후 세계의 대외 무역 균형에 대해 생각해야 한다. 한편으로, 많은 약소국에서 수출할 수 있는 것보다 더 많은 재화를 수입할 것이고 그것이 오랫동안 지속될 것이라는 확신이 있다. 따라서 야심 찬 신용 공여 계획이 아니라 구호 및 재활 기관을 통한 세심한 원조가 필요하다는 것이다. 다른 국가가 (특히 미국이) 관세를 낮추어 채무국의 재화를 수입하면 채무국은 쉽게 수지 균형을 달성하게 된다는 또 다른 견해도 있다. 무역 흑자국은 제공한 신용을 언제든지 재화로 전환할 수 있으므로 방코르 신용의 연장을 근본적으로 건전한 위험이라고 생각한다. 케인스는 더 나아가 호황이 한창일 때는 기존 관세 체제로도 미국이 자본수출 규모를 크게 확대하지 못할 것이라고 주장했다. 그는 (수출로 쌓이게 될) 방코르가 무한히 확대되지 않는 자기 제한적self-limiting 성격과 자기청산self-liquidating 능력을 입증할 것이라고 확신했다.[5]

이에 대한 반응은 상당히 회의적이다. 심지어 《이코노미스트》는 "전쟁이 발발한 이후 미국 이외의 국가가 필요한 만큼 달러를 벌어들이기는 결코 쉽지 않았다. 그러나 전쟁이 끝난 후에는 훨씬 더 어려워질 것이다"라고 직설적으로 지적했다.[6] 1934년부터 1939년까지 6년 동안 미국의 상품merchandise 수지는 연평균 5억 달러에 그쳤다. 관세 정책에 눈에 띄는 변화가 없는 상황에서 전후 미국의 재화 및 용역 관련 외환수취액credit balance은 이보다 적지 않을 것이다. 아마도 연간 10억 달러에 달할 것으로 예상할 수 있다.

방코르가 다량으로 쌓여도 일반 은행 예금과 다르지 않으며 원할 때마다 언제든지 재화를 수입하는 데 사용할 수 있다는 케인스의 견해는 훨씬 그럴듯하다. 그러나 일반 상업 은행에 비유하는 것은 두 가지 측면에서 심각하게 옳지 않다. 첫째, 일반 은행은 대출을 일으킬 때 건전성에 면밀히 주의를 기울인다. 둘째, 잘못된 신용 공여로 자체 자본이 손실을 입을 위험이 있다. 방코르 체제에서는 대출 손실을 감당할 주주나 자본이 없다. 일반 은행처럼 신용도를 심사해서 다른 국가에 대출을 해주는 것도 아니다. 케인스 경의 표현을 빌리자면, '일회성 기부금'으로 끝날지도 모를 매우 큰 금액이 제공될 것이다. 케인스는 신용 불량국이 할당된 신용을 전부 사용하지 않도록 하는 것이 가장 중요하다면서도, 신뢰의 남용을 방지할 수 있는 확실하고 간단한 방법은 아직 없는 것으로 보인다고 덧붙였다.

만성적인 채권국이 기금 예치금을 재화 구매에 지출하는 것은 이론과 달리 실제로는 쉽지 않다. IMF에 대한 청구권은 출자한 자본이나 예치금에 대한 청구권일 것이다. 편의상 이를 IMF 예치금 또는 단순히 청구권이나 크레딧이라고 지칭하겠다. 이러한 크레딧은 일반적인 은행 예금과 달리 특정 기업이나 개인이 보유하여 마음대로 처분할 수 없다. IMF에 대해 미국이 가진 청구권은 연방준비은행이나 미국 재무부, 또는 둘 다의 자산일 것이다. 두 기관은 이 자산을 재화를 구매하는 데 사용할 수 없다. 또한 두 기관의 채권자인 미국의 은행 예금자 및 국채 보유자도 개별적인 목적이나 특정 수단을 통해 이러한 청구권을 사용할 수 없다.

다시 말해, 미국이 (즉 미국의 경제학자나 대중이) IMF 예치금을 재화로 전환하는 것이 건전한 정책이라고 인식하더라도, 결국 상대국에 무역적자를 야기하는 관세 정책을 변경하는 것 외에는 이를 실현할 방법이 없을 것이다. 자유무역을 향한 과감한 움직임은 바람직하지만 실제로 채택될 가능성은 여전히 낮다. 이유는 간단하다. 관세 인하로 심각한 손실을 입게 될 제조업체들의 반대가 그것을 도입하려는 경제학자들의 노력보다 열배는 더 격렬할 것이기 때문이다.

현실적으로 케인스와 화이트의 제안은 재화를 수출하고 그 대금을 대체물로 지급받을 수 있도록 1917년 이후 운영해 온 일련의 장치 중 다섯 번째 장치로 볼 수 있다. ① 1920년 이전까지 미국은 전쟁 채권을 받았다. ② 1920년대에는 미국의 민간 투자자들이 해외 채권을 샀다. ③ 1930년대에는 금이 지불 수단이었다. ④ 제2차 세계대전 중에는 무기 대여 의무Lend-Lease obligations가 있다. 그리고 ⑤ 전후 결제 수단으로 IMF 크레딧이 제안된 것이다. 처음 세 가지 결제 방식은 나라 안팎에서 많은 비판과 불만을 불러일으켰다. 미국은 거의 모든 전쟁 채권과 해외 차관 상당 부분을 대손 처리했다. 미국의 잘못이 컸다. 전쟁 채권에 대한 관대하지 못한 태도와 나중에 높은 금리를 받고 자금을 빌려주려는 어리석은 욕망도 문제였지만 무엇보다 자유로운 수입을 허용하지 않으려는 태도가 늘 문제였다. 1930년대에는 미국의 금 보유량이 지나칠 정도로 증가하면서 금 자체에 대한 불신이 거의 절정에 달했다. 지금 우리는 미국이 매우 품위 있고 대범하게 대응하기를 바라지만 무기 대여 협정은 마무리 되기도 전에 상당한 정치적 공격을 받게 될 것이라고 예측할 수 있다.

지난 30년 동안 미국의 상품merchandise 수출은 수입을 약 500

억 달러 초과했다. 엄청난 규모이지만 미국 경제가 어떤 식으로든 피폐해졌다는 징후는 없다. 애매한 가치를 지닌 수단으로 수출 대금이 결제될 수도 있지만 앞으로도 원한다면 계속 무역흑자를 추구할 여유가 있다. 국제기금제도 구상이 비난을 받는 것은 미국이 수출에 대한 정당한 대가를 받지 못할 것이라는 우려 때문이 아니다.

케인스 경의 설명처럼 간단하지만은 않겠지만, IMF 체제 하에서 무역수지 흑자를 유지하거나 균형을 이루는 것이 궁극적인 대안이 될 수 있다. IMF 크레딧, 즉 청구권을 최대한 냉소적으로 해석하면 환상에 불과한 국제적인 부를 대량으로 창출하는 것 외에는 아무런 효용이 없다고 주장할 수도 있을 것이다. 그러나 각 국가 내부에는 환상에 불과한 부(예: 국채가 담보하는 은행 예금)가 훨씬 더 많지만 그 효과는 감수할 만한 것은 물론 심지어 유익하다는 점을 지적할 수 있을 것이다.

대안으로서의 금 수입

IMF 크레딧 대신 미국이 세계 금 생산량의 대부분을 꾸준히 흡수하는 것은 적어도 이론적으로 실행 가능한 대안이다. 최근 몇 년간 세계의 연간 금 생산량은 약 15억 달러 규모에 달한다. 이 대안은 간단하지만 좋은 해법이 될 수 있다. 단, ① 세계 각국은 대미 불균형만 제외하면 무역수지 관리에 문제가 없고, ② 대부분의 국가에서 더 이상 금을 화폐로 사용하지 않더라도 미국은 기꺼이 금으로 수출 대금을 받는다는 가정이 전제될 때 그렇다.

첫 번째 가정은 전적으로 옳지는 않아도 꽤 타당한 가설일 수 있다. 미국의 '일방적인' 무역흑자가 해결된다면 국제 무역에서 나머지 문제는 충분히 관리할 수 있는 수준일 것이다. 그러므로 다른 국가와는 별개로, 금에 대한 미국의 태도가 중요하다. 순금 본위제 지지자들이 주장하듯이 금이 그 자체로 이상적인 것이라면 문제는 전혀 없다. 다른 나라의 입장이 어떻든 미국은 최대한 많은 금을 확보하게 된 것을 반겨야 한다. 미국으로서는 전 세계 금의 90%를 독점하는 것이 전 세계 헬륨이나 구리, 석유를 같은 비율로 점유하는 것보다 불리하지 않을 테니 말이다. 그러나 다른 국가들이 금을 각자의 통화 체계 안에서 사용해야 한다는 열망은 금의 본질적 가치에 대해 강한 의구심을 불러일으킨다. 필자 역시 금의 본질적 가치에 대한 의구심이 있지만 그럼에도 불구하고 이것이 오늘날 세계의 불행이라고 생각한다. 금이 의심이나 제약 없이 계속해서 화폐로 통용된다면, 설령 금을 기축 통화로 삼은 주요 국가가 미국뿐이라고 하더라도 전후 무역수지 문제를 해결하는 일이 상당히 간단해질 것이다. 미국 재무부의 통화 계획(전문가 계획)은 채무국뿐만 아니라 금을 구출하기 위한 작전으로 보인다. 이 계획은 금의 현재 가치를 불가침한 것으로 인정하는 조건으로 전 세계에 일정 금액의 신용을 제공한다. 금 보유량의 상당 부분을 IMF 자본의 일부로 출자하여 모든 금 보유국이 금의 미래에 대한 영구적인 지분을 갖게 될 것이다. 금을 지불하고 달러나 재화를 수입하고 싶어도 미국이 더 이상 금을 받아줄 수 없을 정도가 되지 않는 한, 이는 달라지지 않을 것이다.

전 세계 금 보유량을 재분배하는 문제를 해결하는 데 기여한 것은 전쟁 이면의 이점 중 하나이다. 제1차 세계대전 때와 마찬가지로 교전국의 수입이 크게 확대되고 수출이 크게 감소한 결과 상당한 양의 금이 제2세계 국가로 흘러들어갔다. 몇 년 전만 해도 미국이 전 세계 화폐용 금의 약 85%를 보유했던 것과 달리 1943년 말의 상황은 전 세계 금 공급량의 3분의 2와 110억 달러의 잔고가 상당히 폭넓게 흩어져 있음을 보여준다.[7] 이는 전쟁이 끝난 후 상당히 광범위한 국제 금 본위제를 실현할 수 있을 만큼 많은 국가가 금에 관심을 갖게 될 것임을 암시한다.

그러나 온스당 35달러는 현재 미국의 전반적인 물가 수준에 비해 너무 높은 가격으로 보인다. 전쟁이 끝난 후 물가가 현재 평균을 크게 뛰어넘어 고점을 찍을 것으로 가정하지 않는 한, 금 매입 가격을 온스당 25달러 정도로 낮추는 것이 가장 합리적일 것이다. 이는 금 생산량을 덜 불안한 수준으로 축소하고, 재화 수입의 대가로 금을 지불하기가 좀 더 쉬워지고, 미국이 연중 꾸준히 유입되는 금을 좀 더 평정심을 갖고 지켜볼 수 있는 가격 수준이다. 금 보유자산의 평가 절하로 인한 장부상 손실은 금 재고를 원가로 계속 보유해 처리할 수 있다. 그러면 공식적으로 금과 은은 정확하게 동일한 화폐 지위를 갖게 된다.

금의 미래에 대한 어떤 계획도 보편적인 동의를 얻지는 못할 것이다. 유엔의 모든 기구의 전문가들이 금을 세계의 기축통화로 인정하는 것처럼 보이지만 합의가 실제로 시행되고 미래의 어려운 시기에도 지속될지는 확실하지 않다. 금의 지위는 여전히 불안정하고, 이것은 기초원자재 또한 세계의 화폐와 결부되어야 한다는 우리의 제안에 특별한 의미를 부여한다. 우리는 이 체계가 세계의 통화 및 상품 구조를 안정시키는 데 큰 도움이 될 것이라고 믿는다. 덧붙여 말하자면, 금에 최종적으로 어떤 지위가 부여되든 이 체계가 지위를 유지하는 데 매우 큰 도움이 될 것이다.

상품군 화폐는 실물 화폐다. 이것은 전통에 속하며 고전적인 금 본위제의 규율에 부합한다. 오랫동안 금 본위제를 강력하게 옹호해 온 프리드리히 하이에크 교수는 세계에 주어진 새로운 조건이 더욱 광범위한 표준을 요구한다고 지적한다.[8] 금 메커니즘이 경제에 미치는 이론적인 보상 효과를 더욱 빠르고 유용하게 창출할 수 있도록 하는 표준이 필요하다는 것이다. 유동성 선호도가 높은 시기에 금을 비축하고 물가가 하락할 때 금 채굴을 자극하는 것은 거대한 생산 구조에 그다지 득이 되지 않는다. 같은 상황에서 유사한 방식으로 상품 보유고를 운영하는 것은 경제의 주요 부문에 즉각적으로 유익한 영향을 미치고 국가의 실질적인 부를 증가시킨다.

국제적 규모의 상품준비통화가 원자재 수출국에 제공할 이점은 분명하다. 한마디로 원자재 수출국에 금 수출국의 지위를 부여하는 것이다. 상품군에 대한 안정적인 수요로부터 이익을 얻기 위해 한 국가가 완전한 상품군을 판매할 필요는 없다. 각 국가는 자국이 가진 것으로 기여할 수 있다. 세계 시장의 비인격적이고 효율적인 장치는 여러 지역에서 제공되는 상품을 아우르며 상품군으로 결합할 것이다. 각 품목의 가치가 변동될 수 있기 때문에 결합된 판매 가격에서 각 품목의 상대적 비중은 (불리하게도, 유리하게도) 달라질 수 있다. 각 품목의 생산이 건전한 균형을 유지하는 한, 어느 한 품목의 경제적 지위가 다른 품목에 불안정한 변동을 일으키지 않을 것이다. 무엇보다도 중요한 것은 가격 붕괴라는 익숙한 재앙을 겪지 않고 모든 품목이 균형 있게 확대될 수 있다. 이것은 모든 전후 계획의 기본 목표이다.

다시 한 번 강조하면, 상품군은 IMF를 대체하는 수단이 아니다. 앞서 말했듯 순 채무국이 수지 균형을 달성할 수 있을 만큼 충분한 양의 원자재를 추가로 생산하기는 불가능할 수도 있다. 상품군은 전 세계에 국제 화폐의 공급을 확대하고 많은 국가의 국제수지 불균형을 해소하는 데 도움이 될 것이다. 상품군은 참여국이 현재 생산하는 금에 추가되어 정교하게 운영될 것이다. 국제 신용을 확대하는 문제가 남아있지만 IMF가 그 고유한 목적을 잘 수행할 것이다.

이제부터 제안하는 내용 외에, 우리가 생각하는 가장 만족스러운 신용 기구의 운영 방식을 여기에서 설명하는 것은 불필요하다. 요구되는 활동의 규모가 작을수록 좋다는 데는 누구나 동의한다. 최상의 상황에서도 국가 간 대출은 만족보다 고민을 낳기 쉽다. 상품 보유고 메커니즘은 원자재 생산을 통해 많은 국가에 추가 지불 수단을 제공하고 국제 신용 운영의 범위를 우리의 지성과 선의의 능력이 허락하는 한도에서 제한할 수 있다.

방코르와 유니타스 계획을 면밀히 분석한 바이너는 케인스가 제안한 '상평창 계획을 위한 크레딧' 등에 반대한다. 그러나 바이너가 비판한 것은 단일 기구 내에 서로 관련 없는 기능을 결합하는 행위이다. 케인스가 구상한 상품 안정화 조치와 국제 통화기구 사이에 아무런 유기적 관계가 없다는 그의 주장은 타당하다. 우리가 제안하는 상품군의 기능은 방코르 또는 IMF 예치금에 대해 금이 수행하는 기능과 같다. 따라서 우리의 상품군은 세계 통화 구조를 구성하는 하나의 요소가 된다.

세계 경제가 확장될 때는 경제가 수축할 때보다 모든 문제 해결이 훨씬 더 수월하다. 무역 장벽은 더욱 빠르게 제거되고, 외국인 투자는 더욱 만족스럽게 진행되며, 세계 평화도 더욱 쉽게 유지될 수 있다. 금의 지위에도 같은 효과가 나타날 것이다. 안정화 계획이 구체화될수록 금에 대한 다양한 태도가 하나의 공식 입장으로 수렴하는 것을 볼 수 있다. 일부는 금에 진정으로 헌신할 것이다. 일부는 전통에 따라, 또 일부는 정치적 압력에서 금을 수용할 것이다. 일부는 국제적으로 유용한 '패'로서 금의 실용적 유용성을 인정하게 될 것이다. 어떤 입장도 절대적인 기반을 갖지는 않을 것이다. 기존의 유용한 다른 제도와 마찬가지로 금도 주변 여건이 안정될 때 살아남을 수 있다. 이런 측면에서, 상품준비통화는 세계 경제의 확장과 합리적인 안정화에 기여하고 결국에는 금의 전통적 지위를 유지하는 데 기여할 것이다.

상품준비통화와 국제 복 분위제

은이 공식적인 세계 통화가 되어야 한다는 사람들 사이에서 과거에 익숙했던 국제 복 본위제bimetallism* 주장이 최근 다시 제기되고 있다. 이 주장의 요지는 금 외에 다른 결제 수단이 필요하다는 것이다. 영향력 있는 한 은화자유주조운동가silverites는 다음과 같이 주장했다.

> 따라서 케인스나 화이트 계획과 같은 제안이 궁극적으로 채택된다면 국제안정화기금 장부상 신용잔고를 유지할 수 있는 국가의 능력과 통화의 안정성을 키우기 위해 모든 실질적인 조치를 취해야 한다. 국제수지의 불균형을 상당 기간 감수해야 할 수도 있다. 이용 가능한 금 이상으로 결제 수단을 늘리는 조치도 필요하다.[9]

우리의 상품군 제안은 은 옹호론자들의 제안과 형식적 성격이 명확히 같다. 우리는 그들이 은에 부여되기를 바라는 화폐

* 화폐의 가치가 복수의 귀금속과 결부되는 금속 본위제. 금은복 본위제가 대표적이다.

로서의 지위를 상품의 합성물에 부여할 것을 제안한다. 우리도 그렇게 함으로써 무역적자국의 경상수지 적자 해소가 훨씬 수월해질 것이라고 주장한다.

보수적인 경제학자들은 은 운동을 가리켜 신뢰를 잃은 금속을 되살리려는 일부 압력 단체의 시도라고 비난한다. 많은 진보 경제학자들은 이제는 금의 지위도 본질적으로 은과 같고 따라서 순금 옹호론자들이 백금에 반대하며 사용하는 논거를 은 옹호론자에게도 고스란히 적용할 수 있다고 주장한다. 그렇더라도 우리는 상품 대칭제commodity symmetallism가 기본적으로 복본위제보다 우월하다는 주장에 동의한다. 이유는 다음과 같다. 첫째, 상품 대칭제는 선호되는 단일 상품의 만들어 낸 가치가 아니라 많은 필수재의 건전한 가치에 화폐를 연결한다. 둘째, 은화만 주조할 때보다 더욱 많은 본위 화폐standard money를 공급한다. 따라서 더 많은 국가와 수백만 명의 개인 생산자가 화폐 주조의 수혜를 누릴 수 있다. 셋째, 기초원자재의 가격 수준을 안정시키고 생산량을 균형 있게 확대하는 데 직접적으로 기여한다. 넷째, 전 세계의 안전과 번영에 기여할 수 있는 유용한 원자재 비축분을 창출한다.

국제 가격 수준이 국가 정책에 미치는 영향

세계적인 목표를 다루는 제안에는 언제나 국내 정책에 미치는 영향에 대한 질문이 따른다. 또한 개별 국가의 행동의 자유를 제한한다는 이유로 거의 예외 없이 공격을 받는다. 통화 안정화 계획도 예외는 아니다. 케인스와 화이트의 제안에 대한 의회 토론에서 제기된 많은 유보적 의견은 파운드화를 금에 직접 또는 간접적으로 묶어둠으로써 영국이 통화 수단을 이용해 국내 문제에 대처할 수 있는 능력을 상실할 수 있다는 위험에 집중되어 있었다. 좀 더 구체적으로는 통화 관계가 경직되어 미국의 디플레이션과 불황이 영국으로 전이될 것이라는 우려가 제기되었다.

주요 재화의 국제 가격 수준을 집단적으로 안정시키는 방법을 다룰 때도 같은 질문이 제기될 것이다. 이 계획은 미국의 불황에서 벗어나려는 영국의 능력을 제한할 것인가? 전후 2년간 농작물 가격을 '패리티' 가격의 90% 수준으로 유지하라는 의회의 명령을 수행할 미국 농무부의 능력을 저해할 것인가? 간단히 말해, 국제 메커니즘과 국내 가격 정책 사이에는 어떤 관계가 있을까?

기본적으로 국제 상품준비통화는 어떤 국가가 자국의 국경 내에서 무엇을 해야 하고 하지 말아야 하는지 구속하지 않는다. 이 제도는 제한된 상품 집단에 적용되는 매매 시스템일 뿐이다. 이 시스템 안의 상품은 세계 시장에서 구매되고, 보관되고, 처분된다. 따라서 이 협정이 국가 정책을 제한한다면 그것은 간접적이고 파생적인 결과일 것이다. 급변하는 전 세계 원자재 가격을 변하지 않게 만드는 것이 우리가 하려는 일이다. 이 문제의 형식적 성격은 국가 차원의 정책을 전 세계 차원의 안정적인 정책으로 조정한 과거 사례들과 다르지 않지만 실질적 성격은 훨씬 단순하다. 일반적으로 국가 경제 목표는 세계 물가가 급변할 때보다 안정적일 때 더 쉽게 달성할 수 있기 때문이다.

구체적으로, 먼저 향후 몇 년 동안 농작물 가격을 평년 대비 90% 수준으로 유지하려는 미국의 정책을 생각해 보자. 상품군 계획은 세계 가격과 유사한 가격 수준을 목표로 할 것이고 따라서 의회 명령을 실행하려면 당연히 국제 메커니즘의 도움이 필요하다. 반면에 1921년과 같이 세계 농작물 가격의 폭락을 방치한다면 미국의 프로그램은 실행하기가 훨씬 더 어려워질 것이다.

그러나 전반적인 가격 수준이 안정된 환경에서, 상품군을 구성하는 농작물의 가격 하락과 그것을 상쇄하는 산업 품목의 가격 상승이 공존한다고 가정해 보자. 그러면 어떻게 될까? 미국의 농산물 지원 프로그램이 부정적인 영향을 받지 않을까? 그렇지 않다. 원자재 비축 메커니즘의 어떤 요소도 영향을 받지 않는다. 이 제도 안에서 세계 농작물 가격이 낮다면, 그것은 농산물이 다른 상품에 비해 크게 과잉 생산 상태이기 때문일 것이다. 과잉 생산된 농작물 가격은 결국 하락할 수밖에 없다. 만일 상품 비축 계획이 없었다면 전반적인 지원 메커니즘의 부재로 더욱 크게 하락했을 것이다.

미국의 농작물 가격 지원 정책은 건전한 세계 가격 정책을 통해서만 효과가 있다는 점을 분명히 해야 한다. 경제의 외부 충격을 차단하고 안정을 추구하는 다른 국가들의 프로그램도 기본적으로 마찬가지이다. 영국이 국제 금 본위제를 우려하는 주된 이유는 미국에서 다른 국가로 디플레이션이 빠르게 전이될 수 있기 때문이다. 주요 원자재 가격을 안정화하려는 계획은 그 자체로 디플레이션과 불황에 대한 강력한 무기이다. 이러한 협정에 안정과 균형 있는 확장을 추구하는 국가의 열망에 반하는 그 어떤 것도 끼어들 자리가 없다.

마지막으로, 국가가 물가 안정이 아니라 점진적인 물가 상승을 선호하여 꾸준한 임금 상승을 허용하고 기업 투자를 장려한다고 가정하자. 국제적으로 안정된 물가 수준이 이러한 정책에 방해가 될까? 대답은 세계 물가 수준의 변동보다 더 큰 방해물은 없다는 것이다.

국가가 국내 물가 수준을 자체적으로 결정하려면 당연히 세계 물가로부터 자국의 물가를 격리해야 한다. 이를 위해서는 ① 미국이 전통적으로 사용해 온 관세, ② 1931년 영국에서 강제로 시행된 통화 평가 절하, ③ 스웨덴이 시행한 것과 같은 대내외 재정 정책의 조합 등 다양한 방법이 있을 수 있다. 이러한 조치는 효과적일 수도 있고 그렇지 않을 수도 있다. 지지를 받을 만한 것일 수도 있고 반발이 당연할 수도 있다. 요점은 상품준비통화 개념에 과거의 다른 정책보다 특별히 더 많은 것을 필요로 하거나 성공적인 운영을 더 어렵게 만드는 요인은 없다는 것이다.

국제적 담보로서 가공된 재화의 역할

우리는 IMF의 신용 운영에 대한 구체적인 제안을 하고자 한다. IMF는 화폐나 은행 항목보다 생산 및 재화에 새롭게 중점을 두고 신용 운영을 더욱 면밀히 조화시켜야 한다. 우리는 가능한 한 채무국에 대한 청구권을 해당 채무국에서 구입할 수 있는 필수 재화에 즉시 투자할 것을 제안한다. 여기서 재화는 일반적으로 원자재가 아니라 표준 등급의 가공품이다. 편의상 이러한 작업은 IMF의 자회사, 예를 들어 '필수재 회사'를 설립해서 수행할 수 있다.

이러한 구매의 효과는 채무국의 수출액에 상응하는 금액과 유사할 것이며 이에 따라 IMF에 대한 채무가 소멸될 것이다. 따라서 경상수지 흑자국의 재화를 구매해 궁극적으로 균형을 맞추려는 케인스주의적 목표를 즉시 실현할 수 있다. 이러한 구매는 채무국의 기초 제조업 제품에 대한 수요를 창출하여 채무국의 고용과 전반적인 번영을 촉진할 수 있다. 재화는 경쟁이 치열한 채권국의 무역 채널에 준비되지 않은 상태로 투입되는 대신 경쟁이 없는 중간 지점에 보관되어 여전히 IMF의 유형 자산으로 기능할 것이다.

케인스 계획[10]과 화이트 계획[11]은 해외 채무가 지나치게 많은 국가에 담보를 요구할 수 있다고 규정했다. 좋은 담보는 국제 채무의 안전성을 향상시키지만 지불을 강제하는 문제는 여전히 까다롭다. IMF가 보유한 채권을 채무국 내에서 재화로 전환하는 것은 여러 가지 면에서 행정적으로 복잡해 보일 수 있다. 그렇더라도 제안된 형태로 재화를 소유하는 것이 장부상 청구권이나 외화를 소유하는 것보다 국제수지 흑자국에 더 나은 결과를 가져오리라는 점은 거의 확실하다.

재화 투자는 국제 신용 적격성에 대한 매우 중요한 기준을 제공한다. IMF의 자회사(필수재 회사)가 채무국의 주요 재화를 쉽게 획득할 수 있다면 이는 해당국이 유동성이 있는 자원이나 생산 능력을 보유하고 있어 그에 상응하는 규모의 신용 지원을 받을 자격이 있다는 뜻이다. 해당 국가에 여분의 필수재가 없고 주문 받은 만큼 생산할 능력이 없는 경우에는 구제를 요청할 수 있겠지만 은행의 구제금융과는 다를 것이다.

필수재 회사가 보유한 재화는 무역적자국이 채무를 상환할 수 있는 어떤 조건에서도 청산될 수 있다. 사실상 공사는 IMF의 장부와 세계 수출 시장에서 채무국을 대리할 것이다. 채무국이 다른 재화를 수출하면, 즉 수출로 필요한 외환을 창출하면, 공사는 그에 상응하는 규모의 재화만 채무국 내에서 처분할 수 있다. 신용이 적시에 신속하게 상환될 경우에는 재화 투자 프로그램에 결과적으로 이익이 없다는 것은 분명하다. 대금 지급이 의심스럽거나 부적절하게 보류되는 경우, 신용 기관은 상품의 소유권을 갖는다.

필수재 구매 제안은 상품준비통화라는 기본 구상을 제한된 영역 내에서 적용한 것이다. 표준 등급의 가공품은 건전한 경제적 가치에도 불구하고 상품 보유고로 취급하기에는 적절하지 않을 수 있다. IMF의 매입 규모에 제한이 있다는 전제로 유용한 재화를 매입하는 것은 ① 필요한 재화의 생산과 소비를 확대하고, ② 해당 재화를 생산하는 국가의 무역과 고용을 촉진하며, ③ 국제 환율 안정화를 위한 신용 제공을 물리적으로 뒷받침하여 세계 경제의 건전성에 기여할 수 있다.

그러나 필수재 구매 제안은 상품군 계획에서 반드시 요구되는 부분이 아니며, 그 철학을 관련 분야로 확장하려는 시험적인 노력으로 받아들여야 한다.

Benjamin Graham

10장

상품군의 안정화와 기타 경제적 사고

Benjamin Graham

"생산능력은 곧 국가의 부富요,
생산 능력의 이탈은 피해야 할 가장 큰 악惡임을
마음에 새긴다면 구원의 진리를 붙잡으리니."

월터 리프먼Walter Lippman 《뉴욕 헤럴드 트리뷴》(1944. 1. 8.)

마지막 장에서는 전후 세계 경제 사상의 주요 흐름과 우리의 제안을 연관지어 설명하려고 한다. 두 가지 영역에서 검토가 이루어질 것이다. 첫 번째는 대안 또는 보완적 계획에 관한 검토이고, 두 번째는 정신적 태도에 관한 검토이다. 먼저 우리의 제안을 검토한 다음, 대중의 관심을 기다리는 다른 기초원자재 관련 계획과 구상도 다루겠다.

상품 분야에서는 다음 네 가지 목표가 특히 두드러진다. ① 원자재에 대한 평등한 접근, ② 생산 확대 ③ 가격 안정, ④ 비축을 통한 보호가 그것이다. 경제에서 좀 더 일반적이고 지속적으로 강조되는 목표는 높은 수준의 고용이지만 이것은 생산 확대라는 목표와 대체로 동일하다. 첫 번째 목표는 대서양 헌장에 언급되었으며 두 번째 목표는 무기대여협약Lend-Lease Agreements, 세 번째 목표는 미국과 영국의 통화 제안, 네 번째 목표는 여러 저술과 계류 중인 법안에서 언급되었다. 이러한 목표가 바람직한가에 대해서는 '원자재에 대한 평등한 접근'이라는 표현의 구체적인 의미에 대한 (필자도 동의하는) 약간의 의구심이 있는 것을 제외하면 중대한 의견 차이는 없는 것으로 보인다. '원자재에 대한 평등한 접근'의 의미를 가장 만족스럽게 정의한 것은 1942년 5월 (당시 국무부 차관) 섬너 웰스Sumner Welles의 공식 선언일 것이다. "접근권이란 평화로운 교역으로 구매할 수 있는 권리를 의미한다. 이 권리는 평화롭고 안전한 모든 곳에 존재한다."

원자재 상품군의 가치를 안정화하기 위한 우리의 제안도 위 네 가지 목표와 일치한다. 우리의 제안은 모든 국가가 기초 상품에 더 쉽게 접근할 수 있도록 할 것이다. 전 세계적으로 재고를 확보할 수 있고, 한 국가의 원자재를 일반적인 구매력으로 좀 더 쉽게 전환시킬 수 있기 때문이다. 우리의 제안은 균형 있는 생산 확장을 위한 가장 강력한 유인책이 될 무한한 시장과 자동으로 작동해 상품 집단의 가치를 안정시키는 메커니즘을 동시에 제공할 것이다. 이는 미국과 다른 나라들이 실제로 구축할 수 있는 상업용 재고보다 훨씬 더 큰 규모로 원자재를 비축할 수 있도록 할 것이다.

같은 목표를 추구하는 또 다른 제안은 무엇이 있을까? 우리의 계획을 대체할 제안은 거의 없다고 해도 과언이 아니다. 어떤 것도 우리의 제안만큼 명확하지 않고 포괄적이지도 않다. 다른 계획 가운데 가장 구체적이고 명확한 것은 국제상품협정을 통한 개별 상품 가격 안정화 계획이다. 이 계획의 장점과 한계에 대해서는 이미 4장에서 자세히 논의했다. 이 외에도 구매, 비축, 판매를 담당할 '국제상품회사'에 관한 언급은 많지만 조직이나 운영에 대한 제대로 된 설명은 없다. 의회는 다양한 전략 금속에 대한 정부의 구매 및 비축 활동을 규정하는 스크러검 법안Scrugham Bill을 상정해 놓았다. 국무부는 공산품 수출에 대한 대가로 원자재를 취득하여 비축하는 계획을 검토 중인 것으로 보인다.[1] 생산, 시장, 가격을 통제하기 위해서 '세계 카르텔'과 같은 잘 알려져 있지 않은 계획도 있다.

따라서 전 세계 상품의 가격을 합리적으로 안정시키기 위해 우리는 다섯 가지 구체적인 대안을 포함하는 다음 두 가지 광범위한 기법을 선택해야 할 것으로 보인다.

첫 번째: 통제 또는 카르텔 기법

① 생산을 희생하고 안정화에 중점을 둔 국제상품협정

② 전 세계 생산자를 연대시킬 권한을 지닌 국제상품통제위원회

두 번째: 자유로운 생산과 비축

③ 특별법에 따른 국가 차원의 선호 제품 비축(예: 금속)

④ 별도의 제품으로 운영되는 국제상품회사(구매 및 판매): 취약한 상품을 다량으로 비축해야 하는 특성 때문에 궁극적으로 통제와 카르텔화의 방향으로 나아갈 수밖에 없다.

⑤ 상품군 기반 국제 기관: 전반적인 생산 확대와 가격 안정성을 모두 달성하지만 문제가 되는 소수의 과잉 공급 원자재에 대한 예외적인 취급은 없다. 심지어 세계적인 호황기에도 예외를 인정하지 않는다.

이와는 별개로, 가격 안정과 밀접한 관련이 없는 특정 전략물자 비축을 위하여 개별적 협정이 가능하다.

이제 원자재 계획의 영역에서 벗어나 전 세계를 대상으로 한 눈에 띄는 다른 경제 계획을 알아보자. 1943년 2월, 평화기구연구위원회Commission to Study the Organization of Peace는 이 질문

을 검토하며 다음 대여섯 개 개별 경제 기구 및 기관을 '진지하게 연구할 가치가 있는 제안'으로 소개했다: ① 구호 및 재건 기구United Nations Relief and Rehabilitation Administration, ② 다양한 지역의 교통과 전력 통제를 목표로 하는 유엔 해운청United Nations Shipping Administration, ③ 유엔 통화기구(이후 IMF로 발전), ④ 상품공사Commodity Corporation, ⑤ 유엔 개발기구United Nations Development Authority(현 재건 및 개발 은행Bank for Reconstruction and Development 제안에 포함).[2]

비상품non-commodity 조치를 지지하는 사람들은 그것이 원자재 계획을 불필요하게 만들 것이라고는 암시하지 않는다. 오히려 상품의 안정화를 위한 별도의 보완적 기법을 구체적으로 요구하고 있다. 따라서 금융 부문의 회복에 관심이 있는 경제학자와 세계 생산 구조에 직접적인 관심을 가진 경제학자 사이에 목표나 의견이 충돌하는 것은 아니다. 상품군이 국제 통화를 뒷받침할 수 있다고 제안한다는 점에서 우리의 계획에 중요한 통화적 측면이 있는 것은 사실이다. 어쩌면 우리는 '화폐 보존 구역'을 침범하고 있는지도 모른다. 그러나 우리는 현대 세계를 위한 건전하고 적절한 화폐를 만들기 위해 고군분투하는 사람들에게 상품 분야가 도움이 되기를 바란다.

앞서 언급한 분석은 처음에 제기한 질문, 즉 우리의 제안과 다른 계획, 다른 경제적 사고와의 관계를 지나치게 단순화했다는 점을 인정한다. 새로운 제안에 대한 경제학자들의 태도는 그들이 속한 학파에 의해 크게 좌우된다. 그들 역시 선구자로서 자신의 계획을 선호하는 경향이 있을 수밖에 없다. 일반인들에게도 편견이 있다. 아무리 사려 깊고 자유로운 사고를 하는 사람도 이중의 불신, 즉 자신의 무지한 판단에 대한 불신과 경제 혁신 전반에 대한 불신의 영향을 받을 수밖에 없다. 따라서 일반인들은 전문가에게 지침을 구하지만 전문가 사이에서도 의견 및 접근 방식의 통일성이나 뚜렷한 권위의 무게를 찾기 어렵다. 우리 모두, 어쩌면 전문가조차 아마추어 경제학자가 되어야 한다는 사실이 시대의 불행이다.

작가들도 마찬가지이다. 글을 쓰는 사람은 독자에게 자신의 말은 권위가 있고 확립된 교리가 아니며, 가장 객관적인 판단에도 편견의 누룩이 퍼져 있을 수 있음을 경고해야 한다. 경고가 필요하다면 지금까지 상품 비축 구상이 받은 평가에 대해 논의하는 것이 도움이 될 것이다. 오로지 미국만을 위하고 10년 이상 미국 비평가들의 평가를 받은 이 계획은 1937년 포괄적 제안의 형태를 갖추게 되었다.[3]

그동안 경제학자들의 많은 논평이 축적되었다. 틀린 부분이 있으면 정정하겠지만, 우선 호의적인 평가가 적대적인 평가보다 훨씬 더 많았다는 점이 관찰된다. 예일 대학교와 뉴스쿨 대학교의 존슨Johnson 교수,[4] 프린스턴 대학교의 그레이엄Graham,[5] 뉴욕 대학교의 킹King,[6] 듀크 대학교의 레스터Lester,[7] 럿거스 대학교의 애거Agger,[8] 코넬 대학교의 리드Reed[9] 등이 호의적이었고 심지어 노골적인 지지를 표했다. 최근에는 런던경제 대학교의 하이에크가 이 계획의 국제적 적용을 강력히 지지했다.[10]

부정적인 분석은 많지 않았다. 가장 포괄적인 분석은 1942년 12월 《저널 오브 이코노믹스》에 실린 펜실베이니아 대학교의 빌W. T. M. Beale Jr., 케네디M. T. Kennedy, 윈W. J. Winn 교수의 「상품준비통화 비평Critique of Com modity-Reserve Currency」이다. 《이코노믹저널》에 실린 하이에크 교수의 논문은 케인스 경의 논평이 이어지며 자연스럽게 많은 관심을 끌었다. 이들은 완전 고용을 유지하기 위해서는 물가가 꾸준히 상승해야 한다는 이유로 물가 수준의 안정화라는 목표에 반대하는 것처럼 보인다. 독자의 이해를 돕기 위해 빌, 케네디, 윈의 '비평'과 케인스 경의 논평을 필자의 답변과 함께 [부록 4-1]에서 소개하였다.

이 책의 마지막에 실은 '비평'과 그에 대한 필자의 답변으로 찬반 양론이 최소한 공정하게 소개되었다. 한편 경제계의 분위기는 어떤 비평보다도 더 강력히 새로운 구상을 견제한다. 우리의 제안은 여러 측면을 가지고 있기 때문에 이에 대한 반응도 통합적이기보다는 단편적이다. 예를 들어 상품 보유고 구상은 ① 재고 비축 수단, ② 가격 수준을 안정시키는 수단, ③ 통화 또는 구매력 측정 수단, ④ 생산과 고용을 촉진하는 수단으로서 다양한 관점에서 검토된다. 각각에 대한 반응이 흥미롭다.

비축

비축 원칙에 이론적으로 반대하는 학파는 없다. 3장에서 설명한 이유로 사업가들 사이에는 대규모 재고에 대한 두려움이 뿌리 깊게 자리 잡고 있으며 그들은 정부의 대규모 비축이 가져올 결과에 불안해하고 있다. 비축된 물자가 비상시에만 사용되고 상업 시장에 영향을 미치지 않는다고 확신할 수 있다면 기업인들은 포괄적인 비축 정책을 기꺼이 받아들일 것이다. 윌리엄 배트 박사는 이러한 견해를 설득력 있게 주장했다. 미국 해운업체 아메리칸 프레지던트 라인American President Lines의 헨리 그레이디Henry Grady 박사는 이렇게 말했다. "비축 원칙은 수년간 반대에 부딪혔지만 이제 미국에서 전적으로 수용되고 있다."[11]

물론 격렬한 반反뉴딜주의자들이 상평창 개념을 이상주의적이고 비현실적이라며 완전히 거부하는 것은 사실이다. 뉴욕 어느 신문의 경제면은 이러한 태도를 전형적으로 보여준다. "어리석은 사람은 경험을 하고도 배우는 것이 없다. 전 세계에 '항상 정상적으로' 식량을 공급하는 방안이 국제식량회의에서 나온 청사진 중 하나라는 이야기가 들린다."[12]

좀 더 온건한 비평가들은 비축 장치가 그 자체로 중대한 문제를 해결할 수 있을지 의구심을 표했다. 핫스프링스 컨퍼런스에 참석한 프랑스 대표단의 견해였다. 어떤 유형의 비축 계획을 염두에 두고 있는지가 이 주제에 대한 태도에 크게 영향을 미칠 가능성이 높다. 예를 들어 조지프 데이비스는 우리가 앞서 언급한 '신 국제밀협정New International Wheat Agreements'을 면밀히 검토했다. 그는 연구에서 많은 분량을 할애해 비축 재고 조항을 검토했다.[13] 데이비스는 이 협정의 결과로 비축될 재고의 양이 지나치게 많고 부담스럽다고 우려한다. 그러나 그것은 각 수출국이 자체적으로 협정을 맺고 잉여량을 처리하도록 한 조항 때문이다. 데이비스는 다음과 같은 중요한 문장으로 비평을 마무리한다.

> 수년에 걸친 국제 밀 가격의 변동 범위를 좁히는 관점에서 밀 재고의 균등화 비축이 바람직한 것이라면, 비정치적인 국제적 기업이 그 비축분을 보유하는 것이 더 낫

> 다. 단, 모든 이해관계자가 충분히 고려해 현명하게 결정되고 널리 이해를 얻어야 하며, 무역 위험을 확대하는 것이 아니라 줄일 수 있어야 한다.[14]

우리는 상품군 제안이 데이비스 박사가 언급한 요건을 충족할 것이라고 주장한다. 관리자의 재량에 따라 단일 상품으로 운영되는 국제상품회사가 그러한 요건을 충족할 수 있을지는 의문이다.

현재까지 제시된 많은 비축 제안 중에는 국가 차원의 기법을 제시하는 것도 있고 국제적 기법을 제시하는 것도 있다. 이 두 가지 접근 방식은 서로 충돌하지 않는다. 국제적 비축분은 어딘가에 보관이 필요하므로 물리적으로 배분할 수 있으며 따라서 여러 국가의 국내 비축분에 상응하는 규모가 될 수 있다. 우리의 제안은 이를 가능하게 한다. 또한 어느 한 국가가 자국만을 위해 추가 비축분을 확보할 때도 아무런 장애물이 없다.

가격 안정성

이 영역에서 우리는 다양한 의견에 직면한다. 과학 기술의 발전에 따라 가격이 장기적으로 하락하는 것이 옳다는 이유로 가격 안정화에 반대하는 정통파가 있다.[15] 또한 물가 안정이 침체로 이어질 수 있다는 점에서 물가 안정에 대한 적대감을 표출하기도 한다. 앞서 언급한 케인스 경의 견해와는 정반대로 완전 고용을 유지하려면 물가가 꾸준히 상승해야 한다는 견해도 있다. 장기적 물가에 대한 선호도가 어떻든 간에, 미국의 경제를 황폐화시킨 원자재 가격의 단기적인 큰 변동을 없애야 한다는 데는 모두가 동의한다.[16] 케인스 경의 위대한 권위의 무게를 감안할 때, 경제학자나 일반인들이 '종이 화폐는 집단으로서의 기초 상품에 대해 언제나 일정한 가치를 지녀야 한다'는 생각을 전적으로 거부한다는 것은 상상하기 어렵다.

오로지 집단의 가치를 안정화한다는 이 개념은 각 상품별로 '정당한 가격'을 고정하기를 원하는 사람들을 만족시키지 못한다. 일부 경제학자와 대부분의 농장 지도자들이 여기에 해당할 것이다. 농산물의 균형 있는 생산을 위해 전체적으로 안정된 가격과 무제한 시장을 약속했지만 농장 조직은 우리의 제안에 진지한 관심이 없다. 어째서일까? 농산물 가격보다는 밀이나 면화 가격에 관심이 있는 농부들 때문일 것이다. 또한 농부들이 강력한 정치적 압력을 행사해 각 작물별로 패리티 가격parity price*을 설정하는 간절한 소망을 꽤 성공적으로 달성했기 때문일 것이다.

그러나 겉으로 보이는 것처럼 좋지만은 않다. 농산물 전체 가격을 적정한 수준에서 안정시킨다는 대안은 장기적으로 주요 개별 작물의 가격을 적정한 수준에서 평준화하는 식으로 작동할 것이 거의 확실하다. 더욱 중요한 것은 생산 면적 제한보다는 균형 있는 확장에 중점을 두기 때문에 평준화된 가격은 더 많은 생산량을 바탕으로 한 가격일 것이라는 점이다. 다시 말하지만, 농부들이 얻은 정치적 승리는 양날의 검이 되어 적대감과 반발을 불러일으킨다. 무엇보다도 1933년 이후 형성된 농산물 가격 구조는 농부들이 결코 선선히 받아들이지 않을 것 같았던 어느 정도의 규제를 대가로 얻어졌다는 점이 중요하다. 따라서 농부들의 지지를 받는 정책에 대해 농부들 자신도 반감이 있었고 농부들에 대한 반감도 커졌다. 당시 농무부 장관이었던

* 프로그램에 포함된 각 농작물이 다른 농작물에 대해 이전 기간과 동일한 구매력을 가질 수 있는 가격이다. 면화, 밀, 콩, 쌀은 1909~1914년 가격, 담배는 1919~1929년 가격 수준으로 보정된다.

헨리 월리스는 소논문 「미국은 선택해야 한다America Must Choose」[17]에서 이 사실을 솔직하게 인정했다. “농부들은 본능적으로 생산 통제를 싫어한다. 농부는 땅을 놀리고 사람들이 굶주리는 것을 보고 싶어하지 않는다. (중략) 사실상 미국 국민 전체가 기본적으로 농가의 생산을 통제하는 우리의 프로그램을 싫어한다.”

국가적 차원이 아닌 국제적 차원에서 균형 있는 확장을 계획하는 이점 중 하나는 문제를 더 넓고 철학적인 틀에서 볼 수 있다는 것이다. 농민의 진정한 이익에 대한 우리의 주장이 옳다면, 미국의 영향력 있는 농민 단체들이 카르텔화와 ‘농산물 화폐의 자유로운 주조’라는 상반된 원칙 사이에서 신중하고 현명한 선택을 하기를 기대한다.

통화

우리 제안의 핵심 중 하나는 (개별 품목이 아닌) 상품 합성물이 금과 동일한 화폐적 지위를 가지며 따라서 세계 통화에 추가되어 동등한 기능을 수행해야 한다는 것이다. 이 메커니즘은 기초원자재 가격 수준을 일괄적으로 안정화하기 위한 국제적인 계획에서 결코 필수 요소는 아니다. 합성물의 단위를 사고팔 수 있지만 자체 자금을 조달하는 대신 구매 기관이 신용을 일으켜 비용을 충당할 수도 있다. 이는 대부분의 경제학자들이 구상해 온 개별 상품 운영 방식이며 합성물의 매매에도 동일하게 적용할 수 있다.

우리는 필요에 의해서가 아니라 선택에 의해 통화적 요소를 도입한다. 장점은 분명하다. 자체적으로 자금을 조달해 상품군을 매수할 때는 이자 부담이 없을 뿐만 아니라 신용 상태도 무관하다. 이는 화폐 경제와 구별되는 상품 경제의 방향으로 나아가기에 우리가 바람직하다고 보는 단계이다. 그러나 이 단계는 단순히 기본 재화를 화폐와 동일시하며 비폭력적으로 이루어진다. 통화적 요소는 가장 필요한 대상, 즉 수많은 원자재 생산자에게 지속적인 구매력을 보장한다. 동시에 보편적으로 유용하고 보편적으로 필요한 곳에 쓰여 세계의 화폐로서의 성격을 발전시킨다.

이 아이디어를 제안한 사람은 자신이 인류가 풀지 못한 주요 난제에 대한 이상적인 해결책을 가지고 있으며, 그 결과 인류의 은인으로 칭송받을 것이라고 생각했을지도 모른다. 그러나 아직까지는 그 정도로 크게 환영받는 제안은 아니다. 물론 열렬한 지지자들도 있었고, 그 수는 서서히 증가하는 것으로 보인다. 많은 경제학자는 조용히 신중하게 중립을 유지하는 쪽을

택하고 있다. 이 주제가 (그럴 리는 없지만) 그들의 관심을 끌 만큼 중요하지 않거나, (실제 이유는) 어떤 새로운 제안이든 반대에 부딪힐 확률이 너무 높아서 이것 역시 주의 깊게 검토할 필요가 없기 때문일 것이다.

이러한 상반된 태도는 새로운 일반적인 접근법의 필요성에 대한 경제학자의 주장과 특정 혁신에 대한 경제학자의 본능적 저항 사이에서 흔히 볼 수 있다. 경제학자는 "경제에 적합하고 도움이 될 최대 생산과 최대 국민 소득이라는 새로운 금융 개념이 만들어지고 있다"는 상무부 차관의 발언에 기꺼이 동의할 것이다.[18] 그러나 통화 제안에서 알곡과 쭉정이를 가려내는 데 반드시 필요한 열성적이고 개방적인 호기심은 여전히 우리 전문 경제학자들의 특성과는 거리가 멀다.

우리 계획의 통화적 측면에 반대하는 사람들은 어느 정도 철저한 연구 끝에 두 개의 상반된 진영에 빠진 것처럼 보인다. 한쪽에는 정통 금 본위제 옹호론자들이 있다. 1911년 모건이 푸조 위원회Pujo Committee에서 언급했듯이, 이들에게 '진정한 화폐는 오로지 금' 하나뿐이다. 따라서 상품 기반 화폐는 그들의 정의로 봤을 때 명백한 이단이다. 은화, 법정 화폐fiat money, 관리 화폐managed money라는 오래된 과오에 새롭고 불건전한 하나가 추가된 것이다. 이것은 그들에게 종교적 신념의 문제여서 논의의 여지가 없다. 즉 어떤 유용한 토론도 허용되지 않는다.

미국 금 본위제 지지자들의 태도가 조금만 덜 변덕스러웠다면 상품준비통화가 곧 그들이 원하는 통화임을 알 수 있었을 것이다. 상품준비통화는 완전한 가치가 뒷받침되는 경질 화폐hard money이다. 사소한 세부 사항을 제외하고는 좋든 나쁘든 따로 관리되지 않는다. 세계적인 금 본위제 옹호론자 하이에크 교수가 이러한 점을 잘 이해하고 분명히 설명했다.[19]

금 본위제 옹호론자들의 심리와 관련해, 에드윈 케머러Edwin W. Kemmerer 교수의 소논문 「국제 금 본위제로의 복귀를 위한 주장의 주요 쟁점High Spots in the Case for a Return to the International Gold Standard」이 흥미롭다.[20] 그는 서두에서 1931년 맥밀런 위원회Macmillan Committee가 작성한 유명한 「금융·산업 보고서Report on Finance and Industry」 중 일부를 다음과 같이 인용했다. "그러나 역사적인 금 본위제에서 시작된 진화 과정의 결과를 제외하면 세계 통화 시스템의 조기 발전 가능성은 거의 또는 전혀 없다" 케머러는 다음과 같이 덧붙였다. "나는 이 선언에 전적으로 동의하며, 이 논문에서 나의 판단에 대한 주요 근거를 간략히 설명했다" 그런 다음 그는 ① 금 본위제에 대한 대중의 신뢰, ② 운영의 자동화, ③ 국제적 수용도 그리고 ④ 금 가치의 안정성에서 비롯된 금 본위제의 널리 알려진 장점을 피력한다.

그의 소논문에 '유서 깊은 금 본위제에서 출발하는 진화 과정'의 가능성에 대한 언급은 없다. 그러나 진화는 앞서 인용문에서 케머러가 전적으로 동의하는 핵심 개념일 수 있다. 자동화 메커니즘 그리고 화폐 이면의 유형적이고 인정적인 가치라는 개념을 유지하면서, 훨씬 더 큰 효용을 가진 다른 상품을 금에 추가하는 것보다 더 논리적인 진화 과정이 있을까? 이것이 바로 상품군 제안의 본질이다.

또한 금 본위제 지지자들은 상품준비통화가 이미 심각하게 훼손된 금의 통화적 지위를 더욱 더 위협하는 것이 아니며 오히려 국제 금 본위제가 원활하게 작동하는 데 필수적이고 안정적인 경제 여건을 조성하는 수단이라는 점을 인식해야 한다. 금권과 은권이 '좋았던 옛 시절' 편안하게 공존했던 것처럼 금과 상품은 통화로서 나란히 공존할 수 있다.

한 국가의 통화에 대한 등가물을 설정하는 기법과 관련하여 실용적인 공식이 최근 처음으로 만들어졌다. 이것은 파라과이의 통화 시스템 개편에 등장하는데, 1944년 1월 연방준비은행 공보에 자세한 내용이 소개되었다.

공식 발표에 따르면 파라과이의 새로운 통화 단위, 과라니 guaraní의 가치는 종합 환율 표준을 적용하여 결정될 것이다. 이 기법이 자세히 설명되지는 않았지만 과라니의 가치는 파라과이의 대외 무역에서 중요한 위치를 차지하는 복수의 외화를 기준으로 한 적절한 요소의 합과 동일하게 유지될 것으로 보인다. 종합 환율 표준을 설명하기 위해 주요 외화를 미국 달러, 영국 파운드, 아르헨티나 페소라고 가정하고, 1937년 한 해 동안 세 나라를 상대로 한 총 무역액을 기준으로 상대적 가중치를 설정한다. 이렇게 해서, '1과라니 = 0.07달러 + 4펜스 + 0.75페소'라는 방정식을 얻었다.

파라과이의 새로운 종합 환율 표준과 우리가 제안한 국제 화폐에 대한 상품군 합성물 표준 사이의 형태적 유사성은 분명하다. 너무 멀리 나가서는 안 되겠지만, 대칭주의 원리는 현대 화폐의 문제에 적용할 때 실용성과 어느 정도의 융통성을 모두 가지고 있다는 점에서 흥미롭다.

원자재를 화폐의 기초로 사용한다는 구상이 엉뚱하거나 급진적인 성향의 학자들에게서만 지지를 받는 것은 아니다. 허버트 후버Herbert Hoover 전 미국 대통령과 외교관 휴 깁슨Hugh Gibson은 공동 저서 『지속 가능한 평화의 문제Problems of Lasting Peace』(1942)에서 이 점을 은밀하면서도 함축적으로 다루고 있다.

> 신용 문제의 해결책은 모든 국가가 자원의 지원을 약속하는 일종의 신용 풀을 통해 찾아야 할 것이다. 이 문제

와 관련해 국제 신용 및 통화 안정화의 보조 수단으로 저물가 시기와 불황기에 비축한 원자재를 활용할 가능성을 검토할 필요가 있다.

영국의 저명한 경제학자 폴 아인지그Paul Einzig 박사는 이 개념을 더욱 분명하게 지지한다. "부패할 염려가 없는 필수 상품도 제한된 범위에서 통화준비금에 포함될 수 있다는 원칙을 인정한다면 세계의 통화 문제와 현재의 과잉 재고 문제를 해결하는 데 큰 도움이 될 것이라고 믿는다."[21]

전쟁이 진행되면서 많은 나라에서 화폐 가치가 하락하고 상품이 화폐로 널리 사용된다는 점을 지적할 필요가 있다. 프랑스와 벨기에에서는 토지세를 돈이 아니라 그에 상응하는 철금속, 즉 구리 스크랩(고철)이나 납, 아연 등으로 납부한다.[22] 중국 산시성에서는 밀과 밀가루가 가치의 척도로서 화폐를 대신해 세금, 급여 및 임대료 지불을 위해 사용된다.[23] 1944년 1월 헝가리는 3% 금리의 밀 대출을 발행했다. 원금과 이자는 밀 가격에 따라 결정된다.[24] 이탈리아에서도 "리라나 금이 아니라 석탄이나 호밀, 또는 실제 생활비의 변동을 보여주는 물가 지수를 바탕으로 가치가 결정되는 국채를 발행하자."라는 논의가 있다.[25]

1943년 말에 열린 브라질 경제회의에서도 비슷한 주장이 제기되었다. 이 회의는 케인스와 화이트의 계획을 모두 분명히 거부했다. 대신 '금 본위제가 아니라 생산량에 근거하여 화폐를 발행할 미국의 국책 은행'을 설립하자는 제안을 승인했다.

상품준비통화에 반대하는 또 다른 진영에는 아무것으로도 뒷받침되지 않는 무담보unsecured 관리 화폐를 선호하는 사람들이 있다. 이들은 일반적으로 생산과 소비가 최대로 기능하도록 유지하는 데 필요한 만큼 화폐를 국가가 만들어 공급해야 한다고 믿는다. 물가 상승 경향에서 볼 수 있듯이 공급이 과도해지면 세금을 통해 해로운 부분을 제거해야 한다고 주장한다.[26] 이러한 목표가 잘못된 것은 아니지만 관리 화폐로 이러한 목표를 달성할 수 있는지가 문제이다. 이 점에 대해서는 우리도 보수 경제학자들과 같은 의구심을 갖고 있다. 화폐 배출량과 인출량 그리고 기업 활동과 물가 수준 사이의 관계는 너무나 간접적이고 예측하기 어렵기 때문에 이러한 기법으로 성공을 약속하기는 어려워 보인다.

관리 화폐를 옹호하는 사람들이 상품준비통화를 강력하게 반대하는 이유를 이해하기란 쉽지 않다. 상품준비통화 메커니즘은 안정적인 가격과 최대 생산량을 유지하는 것이 목표이다. 원자재로 뒷받침되는 화폐는 최소한 무담보 화폐만큼은 본질적으로 우수해야 한다. 그러면서도 관리학파가 원하는 기능을 수행할 수 있고 남용될 가능성이 적기 때문에 분명히 선호되어야 한다. 관리 화폐를 지지하는 성향의 많은 미국 경제학자가 이러한 진실을 깨닫고 상품준비금 제안을 지지한다. 그러나 통화에 대한 어떤 뒷받침도 '불필요하다'고 거부하며, 특히 상품군으로 통화를 뒷받침하는 것은 '지나치게 복잡'하다고 주장하는 사람들도 많다. 이들의 주장이 옳은지 여부를 판단하는 것은 독자의 몫이다.

완전 고용

우리는 원자재 비축과 안정화 계획이 완전 고용을 보장할 것이라고 주장하지 않는다. 다만, 1차 상품의 생산량을 확대하고 수많은 소규모 생산자들의 구매력을 증가시킴으로써 완전 고용에 크게 기여할 것이라고 주장한다. 큰 폭의 가격 변동성을 제거하여 경기사이클의 진폭을 줄이고 따라서 불황기에 실업률을 낮출 수 있다는 것이다. 이 점에 대해 존 콘들리프John B. Condliffe는 이렇게 강조했다. "전후의 새로운 상황에 필요한 조정을 이행하면서 극심한 물가 변동을 피하기 위한 공동의 노력을 통해서만 완전 고용을 유지할 수 있다."[27]

이런 결과는 모두 그 자체로 큰 가치를 지닌다. 그럼에도 불구하고 이 제안은 모든 노동자에게 일자리를 보장하지 않으며, 특히 불균등한 자본재 수요로 인한 성가신 문제를 해결하지 못한다고 비판받아 왔다. 그러나 하나의 제안으로 세상의 모든 경제적 병폐를 치료하기를 바라는 것은 정당하지 않으며 우리는 그런 일이 가능하다고 주장하지 않는다. 우리는 가격 안정과 경기 사이클의 진폭을 줄이는 것이 자본재 생산자들에게 큰 도움이 될 뿐만 아니라 그들을 지원할 수 있는 또 다른 방안도 있다고 믿는다.

모든 경제학자는 적절한 시기에 실행하는 공공사업이 경기 호황과 불황에 대응하는 중요한 수단이 된다고 생각한다. 더 나아가 공공 근로 프로그램을 적절히 운영하면 국가가 높은 수준의 고용을 창출하고 유지할 수 있다고 주장하는 사람들도 많다. 적자 지출deficit spending이 마중물이 되어 다른 기업 활동을 배가시킬 것이라고 믿는 사람들도 있다. 반면 이런 정책이 구매력을 키워 얻는 이익보다 투자자의 신뢰를 훼손하여 발생하는 피해가 훨씬 더 크다고 주장하는 사람들도 있다. 두 의견 사이에는 깊은 간극이 존재한다.

우리의 제안은 적자 지출에 대한 찬반과는 무관하며 이 논쟁에서 어느 한쪽 편을 들 필요는 없다. 우리는 우리 계획에 따른 농업 및 산업 원자재의 생산과 판매 증가라는 확장주의적 효과를 통해 적자 지출의 필요성이나 명분이 상당히 줄어들거나 심지어 제거될 것이라고 생각한다. 그러나 '재정정책fiscal policy' 학파 경제학자들 사이에서는 우리의 제안을 다소 좋지 않은 시선으로 보는 경향이 분명히 존재한다. 그들은 '공공사업 또는 선별적 지출'이 상품 비축 메커니즘보다 물가와 고용 안정에 더 효과적이라고 주장한다. 그러나 조세 조치의 시차, 공공사업의 규모와 선택의 문제, 직접적이지 않은 정부 지출의 효과와 물가가 반응하기까지의 시차, 적자 지속으로 인한 부정적인 심리적 영향 등을 고려할 때 재정 정책 하나에 의존하는 것을 모든 주요 경제적 해악에 대한 치료법이라고 이해하기는 어렵다.

재정 정책을 이용한 통제를 옹호하는 사람들은 그들이 고심하는 문제, 즉 경기 사이클의 진폭을 줄이고 경제 운용에서 재량의 영역과 위험을 축소할 수 있는 모든 추가적인 메커니즘을 자신들 프로그램의 보조 수단으로 기꺼이 활용해야 할 것이다.

결론

앞서 논의를 통해 우리의 제안이 반드시 극복해야 할 경제적 견해와 학파의 기조를 짚어보았다. 여러 측면을 다루었기 때문에 독자들은 당연히 우리의 계획이 야심차고 복잡하며 번거롭다고 결론을 내릴 수 있다. 우리는 그렇게 생각하지 않는다. 다방면에 걸쳐 아이디어의 광범위한 함의와 본질적으로 단순한 아이디어 자체를 구분해야 한다. 『비축과 안정』에서 우리는 이 계획을 한 문장으로 요약했다. "기초 상품군의 합성물에 과거에 금에 부여된 것과 동일한 화폐적 지위를 부여하자는 제안이다." 이 계획을 전 세계에 적용하기 위해 우리는 시험적으로 매수와 매도 지점을 각 상품군 기준가의 95%와 105%로 설정할 것을 제안한다. 또한 국제상품협정을 좀 더 발전된 형태, 특히 취약한 상품을 위한 보조적인 수단으로 활용할 것을 제안한다.

결코 복잡한 제안이 아니다. 물론 적절한 상품군을 구성하는 데 상당한 기술적 어려움이 있지만 이는 분석가들이 오랫동안 성공적으로 다뤄온 문제이다. 상품군 방식의 접근법은 원자재 안정화 문제를 상당히 단순화할 수 있다. 이 접근법은 개별 상품에 대한 적절한 가격 및 배분 정책과 관련해 수십 가지 이상의 분쟁을 일으킬 수 있는 문제를 단 하나로 축소한다. 상품군 영역에서는 여러 상품의 상대적 규모의 중요성을 합리적이고 과학적인 기법으로 지지하여 유해한 나눠먹기logrolling 관행을 대체한다.

상품군 안에서 품목별 가중치 배분은 48개 주의 연방 고속도로 기금 배분에 비유할 수 있다. 주 고속도로 기금을 배분할 때도 가능한 한 가장 유리한 처우를 받으려는 많은 청구인이 있다. 그러나 비교적 간단한 공식이 도출되어 정치적 다툼을 최소화하고 있다.

고속도로 기금이나 교육 기금을 할당하는 절차는 관세율을 고정하려는 압력 단체의 추악한 영향력과 대비된다. 상품 분야에서도 동일한 차이가 있다. 각각 다른 모든 분야와는 별도로 독립적으로 지원이 이루어진다면 무한한 요구와 시끄러운 혼란이 발생할 것이 분명하다. 각 품목을 신중하게 구성된 상품군으로 한데 묶는다면 그 영향이 미칠 다른 모든 생산자를 희생시켜야만 하는 비합리적인 요구는 관철되지 못할 것이다.

모든 회의와 모든 위대한 선언이 동의하고 지지하는 미래를 위한 한 가지 경제 원칙이 있다. "전후 세계는 1930년대를 특징짓는 소심한 희소성 중심 체제 대신 대담한 경제 확장 정책을 따라야 한다.(「식량 및 농업에 관한 유엔 회의 보고서」 제3장)"[28]라는 것이다.

우리는 사실을 바탕으로 다음과 같이 주장한다. 우리의 계획은 이 원칙을 수행하기 위해 현재까지 제출된 구체적이고 포괄적인 유일한 제안이며, 전 세계에 걸친 기초원자재 생산의 균형적 확대를 직접적으로 장려하는 유일한 제안이다.

풍요라는 이상에 입으로는 동의하면서도, 안정화를 위해 카르텔화된 사악한 생산 제한restriction을 추구하는 것이야말로 가장 큰 위험이다. 이처럼 설득력 없고 무력한 결론을 피하기 위해서는 용감한 선언이 아니라 직접적이고 실행 가능한 기법으로 생산 확장expansion을 촉진해야 한다.

"상품군 방식의 접근법은
원자재 안정화 문제를 단순하게 만들 수 있다.
개별 상품의 적절한 가격 및 배분 정책과 관련해
수십 가지 이상의 분쟁을 일으킬 수 있는 문제를
단 하나로 축소한다."

Benjamin Graham

부록

Benjamin Graham

부록 1

세계 원자재 생산 및 수출 데이터

1937년 세계 원자재 생산량(러시아, 중국 제외)
달러 환산 가치(근사치, 미국 가격 기준)

상품	세계생산		미국의 생산 (백만 달러)	미국의 순수입 (백만 달러)
	수량 (천 톤)	가격 (백만 달러)		
1. 상품군 구성 품목				
밀	103,600	4,330	981	
옥수수	117,400	3,080	1,776	
면화	8,300	1,950	11,37	
양모유	1,710	1,080	130	96
고무	1,160	470		249
커피	2,480	330		151
차	460	230		21
설탕	27,430	1,430	148	166
담배	2,440	1,230	500	
농작물 합계	264,980	14,130	4,672	683
석유	279,900	2,440	1,587	
석탄	1,307,400	5,250	2,000	
목재펄프	24,260	1,050	273	98
선철	104,000	2,070	853	
구리	2,340	640	217	
주석	200	230		104
산업 원자재 합계	2,718,100	11,680	4,930	202
상품군 내 총계	2,983,080	25,810	9,602	885

(계속)

상품	세계생산		미국의 생산 (백만 달러)	미국의 순수입 (백만 달러)
	수량 (천 톤)	가격 (백만 달러)		
2. 1급 상품: 합성물을 구성하기에 타당함				
목재		3,000	637	
귀리	47,410	1,260	350	
쌀	93,940	4,790	45	
합계		9,050	1,032	
3. 1급 상품: 타당하지 않음				
유제품(계란/가금류 포함)		10,000(추정)	2,500	
육류 제품		10,000(추정)	2,500	
합계		20,000	5,000	
4. 2급 상품				
보리	32,780	900	175	
호밀	22,600	840	37	
레이온	5,450	600	252	
목화씨(제품)	16,900	470	229	
시멘트	79,900	400	171	1
올리브유	1,120	360		9
아마	810	330		3
마가린	1,290	300	60	
알루미늄	490	250	56	
대두	6,640	250	40	
아연	1,620	210	72	
실크	54	170		107
납	1,690	160	55	

(계속)

상품	세계생산		미국의 생산 (백만 달러)	미국의 순수입 (백만 달러)
	수량 (천 톤)	가격 (백만 달러)		
황마 및 삼베	1,580	150		52
아마씨	2,550	140	15	35
코프라 (말린 야자)	1,680	140		3
소금	37,000	100(추정)	27	
합계		5,770	1,189	210
5. 3급 상품				
코코아	700	90		53
대마	265	80		
망간	2,970	90	5	13
니켈	114	90		24
인산염	10,572	60	13	
황	3,400	70	44	
칼륨	3,100	50	9	14
팜유	503	40		16
마닐라대마	200	30		8
몰리브덴	15	23	16	
크롬	590	20		7
안티몬	42*	10		2
마그네슘	20	12		
수은	5	10	2	1
백금	400†	15		
텅스텐	22	26	4	3
합		716	93	141
비화폐성 원자재 총계		(약)62,000	(약)17,000	(약)1,300
6. 화폐성 금속				

(계속)

상품	세계생산		미국의 생산 (백만 달러)	미국의 순수입 (백만 달러)
	수량 (천 톤)	가격 (백만 달러)		
금	30[‡]	1,042	168	1,586
은	275[‡]	124	56	80
합계		1,166	224	1,666

* 중국 포함; †1000온스; ‡백만 온스

참고)

① 1938년 국제연맹 통계 연감에 등재된 모든 상품을 포함하되 가치가 1000만 달러 미만인 일부 상품은 제외하였다. 『세계 광물과 세계 평화World Minerals and World Peace』(1943)에서 일부 자료를 추가했다.

② 표에 제시된 수치는 미국 수출입 가격을 기준으로 한 근사치로 세계 원자재 경제 구조를 상당히 정확히 반영한다.

부록 2

상품군 안과 밖의 상대적 가격 변동

상품 보유고 제안에 비판적인 학파는 '가격 안정'이라는 목표에 대해 다양한 의문을 제기했다. 이들의 의구심은 크게 두 가지로 나뉜다. 첫째, 상품군의 가치가 안정되면 그 구성 요소의 가격도 충분히 안정될 것인가? 둘째, 상품 보유고가 가격 구조를 형성하는 다른 모든 요소들도 충분히 안정시킬 수 있는가?

먼저, 개별 상품의 가격은 일시적으로든 장기적으로든 자유롭게 변동하도록 내버려두어야 한다는 것이 이 계획의 기본 논지이다. 전체적인 가격 안정이 개별 구성 요소의 변동폭을 상당히 줄일 수 있을 뿐만 아니라 현물을 할인된 가격에 선물로 대체하여 투기적 조작을 상당 부분 방지할 수 있을 것으로 생각한다. 상품 가격의 일상적인 변동은 불건전한 것이 아니며 정상적이다. 상대적 가격의 구조적이고 장기적인 변화는 정상적인 것이며 기본적으로 불가피하다. 파괴적이고 전적으로 해로운 것은 전체 원자재 가격 수준이 급등과 폭락을 번갈아가며 반복하는 것이다.

개별 상품에서 상품군으로 중심이 이동하면서, 상품군을 구성하는 산업 요소가 발전하는 동안 농업 부문의 비중이 줄어들 수 있다는 우려가 제기되었다. 이론적으로 가능한 일이며 그 반대의 경우도 가능하다. 상품군 내 수요와 공급의 정상적인 반영이라는 점에서 허용할 수도 있다. 하지만 농업과 비농업이라는 두 하위 집합의 상반된 가격 변동이 실제로 크게 발생한 적은 지금까지 없었고 따라서 미래에도 그럴 가능성이 거의 없다는 것이 좀 더 현실적인 지적이다.

루이스 빈이 런던 기초 상품 가격지수Sauerbeck-Statist를 구성하는 개별 요소 및 집합의 가격 변동에 대한 정교한 연구 결과를 친절히 제공해 주었다. 전 세계 물가를 합리적으로 반영했다고 보아도 될 것이다. 실무 편의상 19개 품목으로 구성된 '모든 식품All Foods'은 농업 분야, 나머지 26개 품목으로 구성된 '모든 소재All Materials'는 산업 분야의 품목을 포함한다고 볼 수 있다. '모든 소재'에 8개 섬유를 추가하면 '모든 소재'에 농업 분야의 상품이 추가된다.

빈이 제공한 자료에서 두 가지 흥미로운 결론이 도출된다. 첫째, 지난 60년 동안 주요 하위 두 그룹의 상대적 지위에는 완만하고 장기적인 변화만 있었다. 1867~1877년 값을 기준으로 비교했을 때 1921~1940년 식품 그룹의 평균 가격은 60년 전에 비해 약 6% 낮았고 소재 그룹의 가격은 약 4% 높았다. 이러한 상대적인 움직임이 다음 60년 동안에도 반복된다면 농업 생산자들은 심각한 어려움을 호소하지 않을 수 없을 것이다.

둘째, 물가가 큰 폭으로 변동한 1921~1940년 사이 하위 두 그룹 모두 매년 상대적 가격 변동폭이 거의 일정했다. 지수 자체는 같은 기간 155에서 79로 하락한 뒤 128로 회복했다. 그러나 식품 지수는 매년 전체 지수 대비 평균 지점에서 9%p 이상 변동한 적이 없었으며 소재 지수는 거의 매년 정상 수준에 근접한 상태를 유지했다.

전반적으로 혼란한 시기에도 두 그룹의 가격은 거의 같은 방향으로 변동했다. 따라서 전체 가격 지수가 안정적으로 유지될 경우 두 그룹이 다른 방향으로 크게 움직일 가능성이 낮다는 결론은 합리적으로 보인다. 비교적 안정적인 시기였던 1922~1929년 (전체 지수가 115~139 사이에서 변동할 때) '모든 식품' 그룹은 정상, 즉 20년 평균에서 5% 이상 벗어나지 않았다는 사실이 이같은 추론을 뒷받침한다.

두 번째 의구심은 상품군의 가격과 다른 가격과의 관계에 관해서이다. 특히 1913~1914년에 가격이 유난히 높았던 고무를 상품군에서 제외할 경우 15개 상품으로 구성된 상품군의 가치 변동이 종합지수의 변동과 거의 유사하다는 것을 쉽게 알 수 있다. 예를 들어 전 세계가 아닌 미국의 생산 및 대외 무역을 기준으로 하는 등 다른 방식으로 상품군을 구성하더라도 마찬가지이다. 다음 표에서 이를 확인할 수 있다.

1932년 농산물 가격의 특별한 약세를 제외하면 1920년 14개 상품으로 구성된 상품군이 종합지수보다 약 30% 더 높이 상승한 것이 유일하게 큰 변화이다. (참고: 현재 노동통계국의 올코모디티All-commodity 지수에는 약 890개, 원자재 지수에는 110개 품목이 있다)

제너럴 모터스-코넬 세계 물가지수General Motors-Cornell World Price Index는 기초 상품과 다른 품목의 가격 관계에 대해 다음과 같은 유용한 설명을 제공한다.

특정 연도별 도매가격 지수(1926=100)

연도	BLS 지수			14개 품목으로 구성한 상품군 (고무 제외)	
	모든 상품	원자재	농산물	세계	미국
1913~1914	69	68	71	65	64
1920	154	152	151	193	195
1922	97	96	94	98	101
1926	100	100	100	100	100
1932	65	55	48	53	52
1937	86	85	86	80	79
1938	79	72	69	73	72

"큰 폭의 가격 변동이 발생할 때마다 원인에 관계없이 어떤 보편적 기초 상품의 가격은 대부분의 다른 상품보다 훨씬 더 빠르게, 그리고 훨씬 더 큰 폭으로 변동한다는 것이 중요하다. 또한 전 세계 유급 피고용자의 약 80%가 40~50개의 기초 보편재universal commodity와 그 파생 제품의 생산, 가공 및 유통에 직접 종사하고 있다는 점도 중요하다."

부록 3

상품준비통화: 저장 수단으로서의 기능

상품군의 보관과 관련해 다음과 같은 네 가지 기본적인 질문이 제기된다.

① 무기한 보관할 수 있는가?

② 상품군 가치 1달러 당 연간 보관 비용은 얼마인가?

③ 보관에 필요한 전체 비용은 평균적으로 얼마인가?

④ 그 비용은 어떻게 충당할 것인가?

다음 논의에서는 이러한 질문에 대한 답을 제시하고자 한다. 이용 가능한 데이터와 완료된 연구가 부족하여 이 주제를 철저하게 포괄적으로 다루는 데는 제약이 있다.

저장 가능성

보관 비용 수준이 적절한지 여부 외에 보관하는 데 물리적인 문제는 없다. 상품군을 구성하는 모든 상품은 실제로 지속적으로 대규모로 비축되고 있으며 저장 가능성을 염두에 두고 선정된 것이다. 보관된 상품에 필요한 관리는 당연히 품목에 따라 다르다. 금속과 같이 거의 관리가 필요 없는 품목도 있지만 양호한 상태를 유지하기 위해 주기적인 회전이나 이동이 필요한 품목도 있다. 반半부패성semi-perishable 상품의 재고를 상품성 있게 유지하기 위한 기본 원칙은 부패가 시작되기 전에 제품을 소비할 수 있도록 출하하고 현재 작물로 교체하는 것이다. 이러한 회전으로 발생하는 유일한 비용은 창고 취급 비용이다. 일반적으로는 새로운 작물을 보관하는 데 창고 비용이 발생하며, 통합 보관 시스템에서 상품의 회전은 큰 재정적 비용을 수반하지 않을 것이다.

1939년 1월 21일 자 《사이언스 뉴스 레터》에 실린 프랭크 손Frank Thone 박사의 글 「초超상평창Super-normal Granary」(상평창, 상시 곡물 저장고)에는 대량 보관의 물리적 측면에 관한 많은 정보가 있다. 프랭크 박사는 이 글에서 120억 달러 규모의 준비상품에 대한 하비 교수의 제안을 논의하고, 적절한 기술을 사용하면 비교적 적은 비용으로 다양한 제품을 저장할 수 있다고 제시한다. 예를 들어 석탄과 목재는 열화를 최소화하면서 수중에 저장할 수 있다.

상품군 가치 1달러당 보관 비용

필자는 1937년에 예비 연구를 통해 23개 상품으로 구성된 상품군의 연간 저장 비용이 그 가치의 약 3% 수준이라는 결론을 내렸다(『비축과 안정』 참고). 케인스 경은 "정부의 식품과 원자재 보관 정책The Policy of Government Storage of Foodstuffs and Raw Material"(1938년 9월 《이코노믹 저널》에 전재됨)이라는 주제의 연설에서 이자를 포함해 약 4% 수준으로 비용을 추정했다. 추가 연구에 따르면 나의 1937년 추정치는 높은 편에 속했다. 15개 상품으로 구성된 상품군은 가치의 2% 이하 연간 비용으로 생산국에 보관할 수 있다. 브라질 국가커피부National Coffee Department의 커피 보관 비용은 1937년 표에서 커피 가치의 약 3% 수준이었지만 현재는 1% 미만의 비용으로 보관할 수 있다.

상품 보유고 계획에 따른 평균 보관 비용

5장에서 우리는 준비상품의 평균 가치를 50억~70억 달러로 계산했다. 1932년 고드리안 교수는 당시 세계 모든 주요 원자재의 과잉 재고 가치를 1928년 가격 기준으로 50억 달러 미만이라고 추정했다(『디플레이션을 막는 법How to Stop Deflation』, 1932). 평균 연간 보관 비용을 가치의 2%로 가정하면 이 제안의 연간 비용은 약 1억~1억 5000만 달러가 될 것이다.

추정치가 사실에 가깝다면 보관 비용은 이 제안에서 지극히 사소한 요소라고 말해도 좋을 것이다. 세계 경제 규모 그리고 상품 비축으로 얻을 수 있는 안정성과 생산 확대라는 이점을 고려할 때 비용은 사실상 무시할 수 있는 수준이다. 다시 말해 이 계획에 상당한 장점이 있다면 충분히 상쇄될 비용이다. 이와 같은 계획을 거부하려면 비용 외에 다른 이유가 있어야 한다.

또한, 보관 비용 대부분은 정상적인 상업적 보관이나 정부의 완충재고 정책으로도 발생하는 비용이다. 또한 대부분 비어 있는 건물과 실업 상태의 노동력을 활용할 가능성이 높기 때문에 실제 경제적 비용은 거의 발생하지 않을 것이다.

보관 비용 조달 방법

IMF를 비롯한 상품 보유고 운영 기관은 최소 다섯 가지의 별도 재원으로 보관 비용을 충당할 수 있을 것이다. 다섯 가지 재원은 다음과 같다. 첫째, 제한된 기간(약 2년)에 공급국이 무상으로 보관한다. 둘째, 희망하는 회원국이 직접 비용을 부담해 기금 내 자신들의 지분만큼 상품군을 실물로 보관한다. 많은 국가가 기금에서 금은 물론 자신의 몫에 해당하는 상품유닛을 보유하기를 원할 것으로 보인다. 이렇게 하면 회원국은 이자 비용 없이 오로지 보관에 필요한 비용만 부담하며 상업용 재고 및 상업시장과 분리한다는 전제로 비상 비축용 필수상품을 보관할 수 있다. 상업용 재고 및 시장과 분리하지 않았을 때 가격이 안정화 수준 이상에서 형성될 수 있다면 예외가 인정된다.

셋째, 시뇨리지seigniorage, 즉 매수와 매도 시점의 가격 차이를 이용한다. 이 차이는 시험적으로 10%로 설정했지만 이보다 훨씬 작은 편이 바람직하다. 이런 방식의 매매를 통해 얼마나 많은 이익을 실현할 수 있을지는 추측만 가능할 뿐이다. 비축분의 절반을 이런 방식으로 7년마다 한 차례 '회전'시킨다면(무리한 가정은 아니다) 그 결과 발생하는 이익으로 총 보관비용의 약 3분의 1을 충당할 수 있을 것이다.

넷째, 개별 상품 현물을 할인된 가격에 선물로 대체한다. 미국 시장의 행태를 생각할 때 이런 기회는 꽤 빈번할 것이다. 이 방식은 추가 수입원인 동시에 비축상품을 활용해 단일 상품의 일시적인 공급 부족을 완화하는 좋은 수단이 된다. 한편 선도거래forward operations는 비축상품의 근본적인 건전성을 결코 훼손하지 않는다는 점을 강조한다. 인도 시 상품 대금 지불에 필요한 자금의 예치 그리고 우량 선물 계약이 현물 상품을 일시적으로 대체할 것이다. 이것은 비축분을 회전시켜 상품성을 유지하는 데 도움이 된다.

다섯째, 앞서 네 가지 방법으로 충당되지 않는 보관 비용은 IMF 운영 비용의 일부로서 다른 비용과 동일한 방식으로 공정한 기준에 따른 평가를 거쳐 충족될 것이다. 산정된 금액은 총 보관 비용의 일부에 불과하며 보관 비용 자체도 그다지 크지 않다는 것이 우리의 결론이다.

부록 4-1

상품준비통화: 비평

빌W. T. M. Beale Jr., 케네디M. T. Kennedy, 윈W. J. Winn
(저자 및 시카고대학교 출판부 《저널 오브 폴리티컬 이코노미》의 허가를 받아 전재함)

지난 20년 동안 잉여 상품 보관, 화폐를 뒷받침하는 수단으로서 기초 상품의 활용, 가격 수준의 안정화 등과 관련하여 다양한 제안이 있었다. 최근 그 가운데 적절한 구상이 1차 상품에 통화의 지위를 부여하는 '상품준비통화 계획'에 반영되었다. 이 계획에 대중의 관심을 끌어들이기 위해 다양한 노력이 이루어지고 있으며 많은 경제학자도 호의적인 관심을 보이고 있다. 이 글에서 우리는 상품준비통화 계획의 이론적 기반과 예상되는 효과를 검토하고자 한다.

계획

상품준비통화 계획의 기본 요소는 다음과 같이 요약할 수 있다. 첫째, 기초원자재 품목별로 신중하게 가중치를 부여해 상품군*으로 합성한다. 이 상품군은 '상품이 전체적으로 공급 과잉 상태일 때' 국가가 구매하여 보관한다. 둘째, 상품군은 양방향 전환이 가능해 화폐와 동일한 지위를 갖는다. 즉 종이 화폐가 상품군과 교환하여 발행되고 상품군은 지폐로 교환된다. 셋째, 이처럼 자유로운 태환성은 기본 화폐basic money 공급의 자동 규제를 위한 기반을 제공할 것이다. 즉 조폐국에 해당하는 중앙 통화 당국에 많은 상품군을 양도함으로써 통화 공급 확대가 가능하다. 또한 상품군을 구성하는 상품의 양만큼 종이 화폐와 교환하면 통화 공급의 축소가 가능하다. 마지막으로, 국가가 취득해 보관한 상품은 전쟁이나 가뭄과 같은 비상시에 인출할 수 있는 저장고 역할을 할 것이다.

상품준비통화 계획은 고전적인 금 본위제 아래, 금에 부여된 것과 동일한 화폐적 지위를 기초 상품의 합성물에 부여한다는 점에서 금 본위제의 메커니즘과 매우 유사하다. 상품본위제는 상품군을 구성하는 기초원자재의 지정 수량이 금 본위제에

* 벤저민 그레이엄은 옥수수, 밀, 설탕, 귀리, 커피, 보리, 호밀, 코코아, 면실유, 면, 양모, 실크, 구리, 납, 주석, 아연, 석유, 가죽, 고무, 면실박, 아마씨, 담배, 수지 등 23개 상품을 포함시켰다(『비축과 안정』 참고). 프랭크 그레이엄은 "벤저민 그레이엄이 행정적 편의를 위해 제안한 품목보다 본위 화폐로서 상품군의 구성 품목을 확대하고 싶다."라고 말했다.

서 금화의 금 함유량을 대체한다는 점을 제외하면 금 본위제와 본질적으로 동일하다.

계획이 표방하는 장점

상품준비통화 계획의 채택으로 기대할 수 있는 다양한 장점 가운데 특히 주목할 만한 것이 있다. 첫째, 이 계획이 작동하는 맥락과 방식은 금 본위제와 동일한 맥락에서 상당히 동일한 방식으로 자동으로 작동할 것이라는 주장이다. 둘째, 고정된 금화 주조가격mint price이 금 가격을 안정시킨 것처럼 상품군을 화폐화하면 구성 품목의 총가격이 안정화될 것이라는 주장이다. (개별 상품의 가격은 상품군 가격 안정화를 위해 설정한 한도 내에서 자유롭게 변동한다. 그러나 상품군 구성 품목 가격의 전체적인 안정화는 전반적인 물가 수준을 안정시키는 강력한 효과가 있다고 주장한다) 셋째, 자유 금 본위제 아래에서 물가가 하락할 때 금광 산업의 즉각적이고 상당한 활성화 효과가 예상된다. 마찬가지로, 물가가 전반적으로 하락하는 동안 상품군의 가격 안정성이 보장된다면 상품군에 포함된 상품의 생산을 자극할 것이며 해당 상품 생산자들에게 수혜가 예상된다는 주장이다. 국가 경제의 많은 부분에 자극이 전달

되어 기업 활동 전반을 활성화할 것이다. 넷째, 농업 기초원자재를 비축하는 것은 잉여 농산물의 출구를 제공하여 농가의 문제를 부분적으로나마 해결할 수 있다는 주장이다. 이는 계획의 실행 과정에서 특히 중요하겠지만 세 번째 장점과 맞물려 경기 침체기와 물가 하락기에도 작동할 수 있다. 마지막으로, 통화 준비금으로 원자재를 쌓아 두면 비상시에 활용할 수 있는 원자재 비축분이 형성된다는 주장이다.

이러한 주장의 타당성을 판정하기 전에 상품준비통화 계획 자체의 이점 및 관련된 특정 문제에 대해 검토가 이루어져야 한다. 주로 경제적 측면에 중점을 두겠지만 정치적인 사항도 필연적으로 고려하게 될 것이다.

국내 통화와 관련된 문제

전환

새로운 유형의 화폐를 도입한다는 것은 기존의 모든 형태의 화폐를 대체하거나, 기존 화폐의 일부를 새로운 화폐로 대체하거나, 단순히 기존 형태에 새로운 화폐를 추가하는 것일 수 있다. 이 계획을 지지하는 사람들은 첫 번째 방식이 이상적이라고 가정하지만 모든 형태의 화폐를 상품준비통화로 대체하는 것은 큰 반대에 부딪힐 수 있다는 사실도 알고 있다. 두 번째 방법, 즉 기존 화폐 일부를 상품 통화로 대체하는 것 역시 '더 이상 필요하지 않은'* 미국 연방준비제도 지폐 정도가 아니라면 거부될 것이다. 결국 기존 화폐에 새로운 화폐를 추가하는 것이 상품준비통화 체계로 전환하는 주요 방법으로 제시되고 있다.

전환의 문제점을 논의할 때 쟁점은 이 계획과 전통적인 금본위제 사이의 근본적인 유사성을 생각하면 명확하다. 이론적으로 금이든 상품준비통화든 상품을 기반으로 한 통화가 효과적으로 기능하기 위해서는 상품이 모든 화폐를 완전히 뒷받침할 필요도 없고 유통되는 화폐가 반드시 기본 화폐여야만 하는 것도 아니다. 그러나 이 상품 통화로 인해 통화 수축과 통화 팽창이 가능할 정도로는 전체 화폐에서 충분한 비중을 차지해야 한다. 그렇게 되면 준비상품을 확충하거나 축소해 통화 공급을 조절할 수 있다.

* "상품 기반 화폐는 다른 통화를 대체하기 위한 것이 아니다. (더 이상 필요하지 않은 연방준비은행권은 예외임) 상품 기반 화폐는 기존 10가지 유형에 추가된 또 하나의 화폐 형태가 될 것이다. 사실, 화폐의 종류는 이미 너무 많다. 그러나 우리의 통화 구조와 국가의 생산물 사이에 합리적이고 유익한 관계를 확립할 수 있다면, 또 다른 화폐를 추가하는 것도 괜찮을 것이다."-벤저민 그레이엄, 『파이낸스 포럼』

이것은 영국에서 유지되고 있는 금 본위제의 특징인 '소유하고 있는 금의 총량을 넘어서는 화폐를 발행할 수 없다uncovered issue'는 원칙을 적용한 것이 분명하다. 이와 같이 계량된 전환은 제안된 상품준비통화 계획이 충족해야 하는 최소 요건이다.

계량된 전환에 관한 첫 번째 질문은 기존 화폐 유형인 금화, 은화, 연준은행권, 미국은행권United States Notes,[12] 요구불 예금과 관련이 있다. 이들 화폐를 소유한 상품의 총량 이상으로 보유할 수 있겠으나 상품의 총량을 넘는 금액은 고정되거나 고정 지급준비율fixed reserve ratio이 적용되어야 한다. 상품준비통화로의 전환이라는 목표를 달성하려면 전체 유통 수단 가운데 다른 요소를 강력하고 통일된 방식으로 통제하는 것이 필수이다. 그렇지 않으면 구성 요소 중 하나라도 변경될 경우 전체 통화 공급에 변화가 생길 수 있기 때문이다. 즉 상품 화폐 공급의 변화가 가져오는 효과가 다른 유형의 화폐 공급의 변화로 인해 무효화될 수 있는 것이다.

다른 문제는 전환 시점과 관련이 있다. 새로운 통화 시스템을 도입하기에 가장 적절한 시기는 불황이 시작될 때로 보인다. 상품을 구입하고 보관하는 과정에서 기초원자재에 대한 수요가 창출될 것은 명백하다. 이 계획의 '진정한 목표'로 언급된 과잉 생산 문제 해결에 대한 기여는 원자재 수요가 감소하는 불황의 시작기에 가장 클 것이다. 경기 사이클이 전환되고 이 과정을 되돌릴 때 통화 소각은 다른 형태의 통화에 국한되도록 보장되어야 한다. 아니라면, 하나의 경기 사이클이 끝나고 통화 구조가 원래대로 돌아갈 때 상품 통화로 전환이 중단될 것이다.

운영

통화 개혁의 이점은 관리 통화제나 자동 운영제를 통해 실현될 수 있을 것이다. 최근의 통화 역사를 보면 자동 운영에서 관리 운영으로 전환하는 경향이 있는 것으로 보이지만 혜택이 같다면 자동 운영이 더 선호된다는 사실은 부인하기 어렵다. 이는 편향성을 가진 인간에 의한 유능한 관리를 보장하기가 어렵다는 인식에 근거한다. 즉 인간은 종종 부적절한 정보를 바탕으로 어려운 결정을 내려야 하며 무능한 공무원이 행정적 관리 업무를 맡을 수도 있다. 정치적인 면을 고려해 굴복하려는 유혹이 저항을 이길 수 있고 대중의 신뢰가 흔들릴 수도 있다. 따라서 상품준비통화 계획을 지지하는 주요 주장 중 하나는 상품군에 포함될 상품을 결정하고 상대적 가중치를 설정하면 나머지는 자동화 운영이 가능하다는 것이다. 앞서 언급했듯이, 자동화 운영은 상품군을 구성하는 품목의 시장 가격이 기준 가격보다 약간 낮을 때마다 통화가 발행되고 총 시장 가격이 기준

가격보다 약간 높을 때마다 상품군이 소각되는 방식으로 이루어진다.

자동화가 이 논쟁에서 매우 중요한 위치를 차지하는 만큼 이 계획의 추가 기능에 주목할 필요가 있다. 운영의 자동화를 주장하는 사람들은 ① 상품군의 주기적 개편, ② 특정 상황에서 현물 상품을 선물로 대체, ③ 비상시 비축분을 현물 용도로 흡수하는 방안에 대해 고민하지 않을 수 없다. 이러한 추가 기능은 분명히 자동주의automatism와는 거리가 멀다. 상품군의 조정 시기와 방법, 선물 대체 시기를 선택하는 데는 행정적 결정이 수반된다. 이러한 조치에 의존하는 것은 자동화를 포기하고 통화 관리제를 도입하는 것으로 간주된다. 통화준비금을 구성하는 기초원자재를 긴급 구호나 군사적 필요로 사용하는 것도 자동주의와 양립할 수 없다. 더욱이 필요시 소진될 수도 있다는 가능성은 통화준비금이 마땅히 제공해야 할 보호 기능을 무력화하는 것으로 보일 수 있다.

현재의 제안을 지지하는 사람들은 자신의 뜻에 따라 통화 자동주의나 관리제를 옹호할 권리가 있지만 이 두 가지를 무분별하게 결합하는 것은 타당하지 않다. 자동화 제도의 미덕을 설파하는 동시에 자동화와 절대적으로 양립할 수 없는 요소를 갖는 계획으로 열광적인 지지를 받는 것은 어렵다.

가격 안정화 문제

상품준비통화 계획은 통화상품군에 포함되는 기초 상품의 가격을 안정시키는 메커니즘을 제공해 전반적인 물가 수준을 안정시킨다고 주장한다. 물론 이 계획이 상품군의 가격을 안정화할 수는 있겠지만 결코 상품군을 구성하는 상품 요소의 가격 변동을 막지는 못할 것이다. 구성 요소의 가격은 경제 여건의 변화에 따라 얼마든지 변할 수 있으며 가격이 변하면 상품군의 상대적 가치도 달라질 수 있다. 예를 들어 밀 수확량이 많아서 가격이 하락했다고 가정하자. 상품준비통화 체제에서는 상품군 내 다른 상품 일부 또는 전부의 가격이 밀 가격 하락을 상쇄할 만큼 충분히 상승할 때까지 상품군이 추가로 화폐화될 것이다. 상품 화폐는 특정 상품의 가격이 과거와 같이 크게 변동하는 것은 방지할 수 있겠지만 그 상품의 가격 변동으로 인해 다른 일부 상품 또는 전체 상품에서 그것을 상쇄하는 가격 변동이 발생할 수 있다.

전반적인 물가 수준과 개별 상품 및 상품군의 가격에 미치는 영향은 매우 중요한 문제이다. 상품준비통화 계획의 지지자들은 상품군의 가격 안정성이 전반적인 물가 수준을 안정시키는 방향으로 강력하게 작동할 것이라고 주장한다. 그러나 반드시 그렇지만은 않을 수도 있다. 경험에 따르면 많은 기초원자재 가격에 변동이 없을 때에도 전반적인 물가 수준은 상승할 수 있다. 기초원자재 가격의 변동이 전반적인 물가 추세에 영향을 미친다는 데는 의심의 여지가 없다. 그러나 상품준비통화 계획이 가격 구조의 어느 한 부분에만 직접적인 영향을 미치도록 설계되는 한 현재 물가에 영향을 미치는 힘이 완전히 상쇄되지는 않으리라고 가정하는 것이 합리적으로 보인다. 예를 들어 증권 투기나 부동산 호황으로 인한 전반적인 물가 수준의 변동 가능성은 여전히 남아 있다. 이 제안을 채택한다고 해서 1929년 대공황의 재발을 막지는 못할 것이다. 그러나 이 계획의 채택되면 확실히 화폐상품군에 포함되는 기초 상품 가격의 1930년대와 같이 급락하지는 않을 것이라는 점은 인정해야 한다. 이렇게 되면 결과적으로 전반적인 물가 하락은 다소 완화될 수 있다. 그러나 경기 불황이 원인이 전적으로 기초 상품 가격 하락에 있는 것이 아니라면 과거와 같은 경기 악화 가능성을 완전히 배제할 수도 없다.

물가가 하락(또는 상승)하는 시기에도 화폐를 뒷받침하는 원자재를 비롯한 기초 상품 가격은 안정적으로 유지될 수 있다. 이런 경우에는 상품준비통화 계획이 전반적인 물가 수준의 안정성을 보장하지는 않을 것이다. 이 계획이 가격 안정화를 보장한다고 주장하는 이유는 전반적인 물가 수준과 특정 가격을 혼동하기 때문이다. 이 주장은 화폐상품군을 구성하지 않는 모든 상품의 가격이 화폐상품군을 구성하는 상품 가격과 정확히 동일하게 움직인다는 가정에서만 유효하다. 상품 통화는 상품군 외부의 상품 가격이 내부의 상품 가격과 동일하게 움직이는 수준에서만 물가 안정에 기여할 것이다. 이 계획에서도 '상당한 물가 변동'이 가능하다는 것이 타당한 결론이다.

상품준비통화가 장기적인 물가의 움직임에 미치는 영향에 대해서도 결론은 비슷하다. 모든 혹은 대부분의 기초원자재는 실질 생산 비용이 감소하면 가격이 하락하는 경향이 있다. 이러한 상황에서 상품군의 가격을 이전 수준으로 (상향) 안정시키기 위한 조치가 도입될 경우 실질 생산 비용이 하락하지 않은 다른 상품의 가격도 상승한다. 상품군의 가격을 안정화하려는 시도는 전반적인 물가 수준을 불안정하게 만들 수 있다.

가격 구조의 모든 부문이 반드시 같은 행태를 보이지는 않는다. 1920년대에 도매 가격 안정이 전반적인 물가 수준의 안정으로 이어진 것과는 달리 일부 상품 집단의 가격 안정성을 위해 고안된 조치가 반드시 전반적인 물가 수준의 안정을 보장하지는 않을 것이다. 이 계획이 제안하는 기초원자재 집단의 가격 안정화가 전반적인 물가 수준의 안정성을 보장하지는 않는다.

신용 통제의 문제

또 다른 문제는 신용 통제와 관련한 것이다. 상품준비통화 계획은 아마도 본원 통화reserve money의 공급을 자동적으로 조절할 것이다. 그러나 초과준비금excess reserves과 관련한 최근 경험으로 보면 준비금 규모의 변화가 총신용이나 요구불 예금에 반드시 상응하는 변화를 가져온다는 보장은 없다. 상품준비통화 계획을 채택하면 이런 상황이 유의미하게 달라진다고 가정할 분명한 근거가 없다.

상품준비통화 계획의 지지자들은 이 계획이 적절한 신용 통제를 보장하지 않으며, 신용은 기본 준비금의 변화와 무관하게 확대 또는 축소될 수 있다는 점을 인식하고 있다. 이들은 상품준비통화 공급의 변화가 요구불 예금 등 반대 방향으로 변화하는 다른 형태 화폐의 공급으로 인해 상쇄될 수 있고 새로운 통화와 무관한 인플레이션 상황이 발생할 수 있다는 가능성을 인정한다. 그러면서도 스스로 인정하는 이런 특성이 상품준비통화 계획의 근거가 되는 운영 자동화 주장을 무효화한다는 사실은 지적하지 않는다. 지지자들은 문제를 해결하기 위해 현재의 신용 통제를 강화할 것을 제안한다. 모든 상업은행이 연방준비제도에 가입할 것과 회원 은행에 요구되는 지급준비율reserve ratio을 연방준비제도 이사회의 재량으로 결정할 수 있는 권한을 부여할 것이 제안되었다. "이러한 조치 없이는 통화 및 은행 시스템에 대한 효과적인 통제가 불가능하다"라는 이유에서다. 상품준비통화 계획이 명시한 목표를 달성하려면 이러한 권한 확대가 필수적이라는 것은 의심할 여지가 없다. 그러나 의회가 이러한 권한을 기꺼이 부여할 수 있다면 상품준비통화를 채택하지 않고도 효과적인 신용 통제가 가능할 것이다.

국제적 측면

지지자들은 국제적인 측면에서 이 계획의 중요성을 인정하지만 의도적이든 부주의해서든 이 제도와 관련된 국제적 측면의 문제를 자세히 설명하려는 시도는 없었다. 상품군이 금과 같이 국제 표준 통화로서 기능을 수행할 수 없다면 국제적 측면에서 고전적인 금 본위제와의 비교는 애초에 성립하지 않는다. 따라서 국제적 측면의 문제점에 대한 추가 분석이 필요하다.

금과 유사한 상품으로 구성된 상품군이 금과 같은 지위를 가진 본위 화폐로 채택될 가능성은 전혀 없어 보인다. 국제 본위 화폐로 채택될 수 없다면 상품준비금통화는 한때 금이 수행했던 것과 같은 국제적 기능을 결코 수행할 수 없을 것이다. 개별 상품의 비중만 크게 다르고 나머지는 유사한 다른 계획이 다른 나라에서 도입될 경우 기초원자재 가격의 변동으로 인해 각국의 전반적인 물가의 움직임에 그에 상응하는 차이가 발생할 가능성이 있다. 고정환율제를 채택하지 않은 경우 변동환율을 허용하거나 환율을 통제해야 하므로 금 본위제의 특징인 자동성이 사라진다.

세계적으로 가격이 하락하는 경우 미국이 금과 교환하여 상품군이나 상품군의 일부를 더욱 많이 수입하도록 하면 미국 외 국가의 경기를 활성화하고 금의 과잉 공급을 일부 해소하는 바람직한 결과를 가져올 수 있다는 제안이 있다. 또한 관세를 변경하여 상품군을 구성하는 상품의 수입에 영향을 미칠 수 있고 이를 통해 화폐의 유통량에 영향을 미칠 수 있다는 제안도 있다. 이러한 제안은 몇 가지 당혹스러운 질문을 마주하게 한다. 첫째, 미국이 보관 목적으로 수입을 늘릴 의향이 있다고 하더라도 다른 국가들이 그 대가로 합리적인 가격 수준에 금을 수용할 것이라고 가정할 수 있는가? 둘째, 미국의 대외 경제 정책을 상품준비통화 계획의 목표에 어느 정도까지 종속시켜야 하는가? 셋째, 통화 당국은 관세에 대해 이 계획이 필요로 하는 수준의 통제권을 가질 가능성이 있는가? 이 질문에 대한 답이 무엇이든 간에 이러한 제안이 자동으로 작동하는 통화 체계라는 전제를 포기한다고 간주될 것은 자명하다. 또한 이러한 조항이 포함되면 이를 정치적으로 심각하게 남용할 수 있다는 점도 부인하기 어렵다.

경제적 관점에서 이 계획이 국제 부채 상환이나 대부업법에 따라 발생한 채무의 면제를 용이하게 할 가능성이 있다고 옹호할 수 있다. 그러나 여기에는 여전히 정치적 실현 가능성의 문제가 따른다.

농업에 대한 시사점

애초에 이 계획은 전면적인 통화 개혁을 제안하며 이를 통해 농업 문제에 대한 해결책을 제시한다고 주장했다. 그러나 최근 논의의 관심은 주로 통화적 측면으로 이동했으며 본 논문도 그 부분에 집중하고 있다. 그러나 이 제안을 농업 문제에 적용하는 것은 여전히 중요하다. 이 계획이 농업 분야의 문제 해결에 기여할 것이라는 믿음의 근거는 이미 제시되었다. 벤저민 그레이엄이 처음 제안한 상품군에서 어느 특정한 해에 농작물이 상품군 전체 가치의 약 70%를 차지한다는 것은 중요한 사실이다. 이러한 형태의 계획이 채택되면 생산량 대부분이 미국에서 나오는 특정 농작물에 대한 수요가 크게 늘어날 것이 분명하다.

그러나 현재 농업 문제를 완화하기 위해 시행 중인 조치와 연관지어 이 제안을 고려할 필요가 있다. 이 논의가 필요한 이유는 첫째, 이러한 농업 지원 방식의 상대적 이점을 평가하고 둘째, 제안된 계획을 도입하고 및 운영할 때 기존 농업 정책에 미칠 수 있는 영향을 고려하기 위해서이다.

지난 8년간 농업 지원 프로그램의 주요 목표는 제한된 수의 농작물을 대상으로 패리티 가격을 달성하는 것이었다.

이 목표를 달성하기 위한 수단으로 대출과 감산이 활용되었다. 이 프로그램은 여러 가지 이유로 비판의 대상이 되고 있다. 개별 상품의 가격 안정화는 수요와 공급 관계를 왜곡하는 경향이 있다. 또한 수요가 많은 여러 농작물 사이에서 생산량을 조절하고 이러한 농작물과 그 외 상품의 생산량을 조절하는 것은 시장 요소 하나만으로 관리되지 않는다. 또한 기술 변화가 농작물의 생산 비용에 미치는 영향은 무시되는 경향이 있다. 가장 중요한 비판은 현재 시행되고 있는 조치가 농업조정법이라는 이름으로 도입되었음에도 불구하고 농업 전체 그리고 특정 농업생산 분야에서 오히려 부적응을 영구화하는 방향으로 조정이 이루어졌다는 것이다.

상품준비통화 계획이 성공한다면 상품군의 가격 안정성이

보장될 것이다. 반면에 상품군에 포함된 개별 상품의 가격은 상품군 가격에 의해 설정된 한도 내에서 자유롭게 움직일 수 있다. 수요와 공급은 '정상적인' 관계에 있는 것처럼 조정이 가능하고 농작물 기초 상품의 무제한 생산은 억제될 것이다. 잉여 생산물 저장에 관한 규정은 시장 수요를 초과하는 상품 생산을 허용하고 기존 법률에서 규정하는 제한적인 상평창보다 더 넓은 범위에서 생산량을 조절하는 역할을 할 것이다. 따라서 이 계획은 최근 몇 년간 농업 프로그램에 대해 제기된 주요 비판을 충족하는 것으로 보인다.

순전히 경제적 근거로 판단했을 때의 상대적 이점과는 별개로 다소 심각한 정치적 문제가 있다. 이런 유형의 계획으로 현행 농장법을 대체하는 데 대한 강력한 반대가 제기될 가능성이 매우 높다. 또한 도입을 완전히 막지는 못하더라도 편의상의 이유로 기존 프로그램에 이 계획을 통합하려는 시도가 있을 가능성이 높다. 이 경우 패리티가 보장된 특정 상품의 가격은 상대적으로 고정될 것이다. 이런 상품이 상품군에 포함되면 가격의 하방 경직성으로 인해 상품준비통화 계획의 만족스러운 운영을 크게 저해하고 아예 불가능하게 만들 수 있다. 기존의 패리티 가격 법안은 선정된 개별 상품의 가격 하한선을 설정한다.

반면에 현재 검토 중인 제안은 개별 상품 가격이 기초 상품의 안정 가격선stable price level에 따라 변동한다는 것을 전제로 한다. 이 계획이 시행될 경우 특정 기초원자재의 가격이나 생산을 통제하기 위해 고안된 법률이 상품군에 포함된 개별 상품의 가격에 미치는 영향력은 현재보다 너욱 확대될 것이다. 또한 수요와 공급 경쟁이 아닌 다른 힘이 강한 압력을 행사할 것이다. 어떤 조치를 통해 상품군에 포함된 특정 상품의 가격을 높게 유지하는 데 성공한다면 상품군의 가격을 안정적으로 유지하기 위해 다른 상품의 가격은 자동으로 하락할 것이다.

결론

상품준비통화의 도입은 미국 통화 구조의 근본적인 개혁으로 옹호되고 있다. 심지어 일부 논의에서 이 계획의 채택으로 기대할 수 있는 이점을 다루는 방식은 특허의약품 광고*를 보는 듯하다. 이 글에서 많은 주장에 의문을 제기하고 분석했다. 특

* 전환은 미래의 병폐에 대한 고통 없는 예방책이자 현재의 병폐에 대한 유용한 치료법이다.-프랭크 그레이엄, 《아메리칸 이코노믹 리뷰》

정한 이점이 실현될 수 있을지 의문이며 분명한 것은 상품준비 통화로의 전환이 많은 새로운 문제를 낳을 것이라는 점이다.

이 계획의 이점으로 거론되는 것 가운데 많은 부분이 이 계획과 금 본위제와의 근본적인 유사성을 전제로 하고 있다. 그러나 기초 상품을 금과 같은 지위에 두는 것은 금 본위제의 장점을 보존하고 단점을 배제하는 것과는 거리가 멀다. 오히려 기존 금 본위제의 단점을 배가시키고 장점을 훼손할 수 있다고 우려할 만한 상당한 근거가 있다. 기초 상품의 가격 수준과 통화량에 관심을 집중한다면 가격 구조를 이루는 다른 요소의 중요성을 무시하거나 최소화하는 것이다. 이 계획의 지지자들이 주장하는 자가 가격 수정self-corrective price 능력은 인정하더라도 상당한 부적응이 발생한 후에야 효과를 발휘할 수도 있다는 것은 불안한 요소이다.

실제 운영 관점에서 볼 때 이 계획은 많은 비용을 발생시킬 것이다. 지금까지 이 제안에 대한 비판의 상당 부분은 기초 상품을 비축하고 처리하는 데 드는 비용에 집중되어 있다. 물론 비축과 잉여 농작물 보관 경험에서 얻은 데이터를 계산에 유용하게 활용할 수 있겠지만 관련 비용을 정확하게 추정하는 것은 불가능하다.

그러나 현재 논의 단계에서 비용을 고려하는 것은 그다지 의미가 없는 듯하다. 추가 검토를 통해 제안자가 예상한 효과를 가져올 수 있다는 결론이 나온다면 관련 비용은 중요한 사항이 아니다. 반면에 원하는 목표를 달성하기는커녕 심각한 문제를 낳는다는 결론에 도달한다면 통화 정책과 실행 지침으로서 이 계획의 비용을 고려하는 것은 불필요하고 섣부른 시도이며 혼란을 야기할 수 있다. 이러한 시스템을 수립하고 유지하는 데 수반되는 본질적인 정치적 어려움과 국제적 문제에 대해서는 이미 언급했다. 미국 의회에서 은 블록silver bloc*이 남긴 기록은 본위 화폐에 금전적 지분을 갖게 될 많은 생산자 집단을 낳을 위험을 미리 경고한다는 점에서 주목할 가치가 있다.

지지자들은 이 계획이 성공적으로 도입되어 운영되려면 기존 통화와 은행 구조에 많은 변화가 필요하다고 시인한다. 상품 통화 제안 자체보다 이러한 변화가 훨씬 더 건전하고 실현 가능한 통화 개혁으로 이어지는 것은 불가능한 일이 아니다. 이 계획의 가장 매력적인 특징은 기초 상품의 가격이 화폐 가치 아래로 떨어질 때 자동으로 생산을 자극할 수 있다는 점일 것이

* 1934년 은매입법Silver Purchase Act 제정. 미국 내에서 생산되는 은을 전량 국유화하고 발행되는 화폐의 일정 비율을 은화로 주조한다.

다. 현재의 통화 장치로는 생산을 그렇게 자극하지 못한다. 이 제안은 상품을 위한 자립형 공공 지출 또는 불황 보험의 형태라고 볼 수 있다. 이러한 지출이 정부의 세출이나 정치적 조작 없이 자동으로 이루어질 수 있다는 것도 매력적인 요소이다.

신용 공급과 이자율의 변화에 민간 투자가 반응한다는 가정에 기초한 전통적인 통화 정책의 부적절성은 1930년대의 경험에서 너무도 분명히 드러났다. 그럼에도 불구하고 이 제안이 필요한 해답을 제공하는지 여부는 분명하지 않다. 전반적인 물가 수준은 하락해도 기초 상품의 가격은 안정적일 수 있다. 이 경우 어떤 부양책도 나오지 않을 것이다. 다양한 유형의 공공 지출과 비교한 이 계획의 승수 효과에 대해서도 좀 더 근본적인 질문이 제기된다. 앨라배마주 머슬숄스 지역 개발, 사회 복지 프로그램, 교육 지출보다 더 큰 경기 부양 효과를 기대할 수 있는가? 이 계획이 제안하는 방식대로 맹목적으로 생산을 장려하는 것보다 선별적인 지출 프로그램을 통해 경기 회복을 훨씬 더 앞당길 수 있다고 믿는 것이 합리적이다. 마지막으로 금에 관한 경험에 비추어 볼 때 단일 품목이 아니라 다수의 상품을 보관해야 하는 계획에 착수한다는 발상은 놀랍고도 실망스럽다.

부록 4-2

상품준비통화 비평: 요점별 답변*

벤저민 그레이엄
(시카고대학교 출판부와 《저널 오브 폴리티컬 이코노미》의 허가를 받아 전재함)

이 글은 빌, 케네디, 윈의 논문 「상품준비통화: 비평」에 대한 답변으로서 일반적인 사항은 간략한 결론 부분에서만 언급하고 그 외에는 자제할 것이다. 이 글의 목적은 그들의 비평을 하나하나 공정하게 진술하고, 그 설득력을 인정하거나 주장에 반박하는 것이다. 먼저, 상품준비금 제안의 장점과 관련한 다양한 비판을 개략적으로 논의하는 것이 좋다.

1. 첫 번째 장점은 상품 비축 제도가 적정한 평균 가격이 형성된 무제한 시장을 기초 상품에 제공함으로써 풍요 속 빈곤이라는 역설을 방지하는 데 크게 기여할 것이라는 점이다. 원자

---

* B. Graham. The Journal of Political Economy, Vol. LI, No. i, February, 1943, pp. 66~69.

재 생산자의 구매력 확대는 경제의 다른 부문을 크게 자극할 것이다.

이 기본 목표에 대해서는 비판의 여지가 거의 없다. 비평에서는 '불황에 대한 보험 기능'이 이 계획의 가장 큰 매력일 것이라고 꼽으면서도 '선별적 지출 프로그램'(예: 공공사업) 등을 통해 경기 전반을 더욱 크게 자극할 수 있다고 제안한다. 그러나 단지 의견을 제시할 뿐이고 주장을 뒷받침하는 데이터나 논거를 제시하지 않았다. 적자 재정 조달의 경제적, 정치적 단점이나 경기부양책의 집행 시기 및 배분의 어려움에 대해서도 언급하지 않는다. 1937~1938년 경기의 심각한 반응이 이와 같은 문제점을 입증한다. 전쟁 상황과 같이 비용을 생각하지 않아도 된다면 경기를 부양하는 것은 어려운 일이 아니다. 경기 부양 효과 하나만으로 정부 지출을 정당화할 수는 없다. (참고로 적절한 공공사업 프로그램과 상품 비축고는 완전 고용 상태를 유지하는 데 유용하게 쓰일 수 있다)

2. 우리는 상품 비축분이 귀중한 국가 자산으로서 비상사태(전쟁 등), 노후 연금 준비, 생활 수준 향상에 유용하게 쓰일 것이라고 주장한다.

비평은 이 주장을 세 가지 측면에서 언급한다. ① 경기 상승기에 상품 보유고가 모두 소진될 수 있다. ② 금에 대한 경험에 비추어 볼 때 많은 상품 통화를 보관한다는 것은 '놀랍고도 실망스러운 발상'이다. ③ 상품 보유고를 비상시에 활용할 가능성이 있다는 것은 준비통화가 마땅히 제공해야 할 보호 기능을 무력화하는 것이다.

앞서 지적한 비상시 활용 가능성은 순전한 단점이 될 수 없다. 활용하지 않고 그대로 두어야 한다면 오히려 그것이 단점일 것이다. 활용 여부를 선택할 수 있다는 것은 장점이다. 생존을 위한 전쟁 상황에서는 압도적인 장점일 것이다. (영국의 금 비축분도 전쟁 초기에는 이와 같은 장점을 발휘했다. 그러나 그것은 우리가 영국의 금을 대가로 기꺼이 상품을 선적해서 보냈기 때문에 가능한 일이었다)

만일 호황기에 (화폐 상환으로) 상품 보유고가 소진될 가능성이 있는 것이 사실이라면 이 계획은 비연속적으로 운영될 것이다 (예: 주석 완충재고 사례). 경기 침체기에는 그 유효성이 무제한이지만 호황기에는 어느 시점에 효력이 종료될 수 있다. 우리는 원자재 비축량을 억제하기 위한 특별한 노력을 기울이지 않는 한 비축량이 장기적으로 증가할 가능성이 높다고 주장했다. 비평은 이 점을 언급하지 않았지만 상품 보유고가 금 보유고를 모방한다는 생각이 '놀랍다'고 표현한 데서 그들도 비축고가 크게 확대될 것이라고 예상하고 있음을 알 수 있다. 따라서 일시적 고갈에 대한 우려는 그다지 현실적으로 보이지 않는다.

보유한 상품이 대량으로 공급되는 것이 금을 대량으로 비축하는 것만큼 '실망스러운' 일일까? 금 비축을 반대하는 의견의 요지는 경기 바닥, 특히 전쟁 상황에서 쓸모가 없다는 것이다. 그러나 220억 달러에 달하는 옥수수, 철, 양모, 석유 등을 보유하는 것은 미국에게 신의 선물이자 구원이 될 것이다.

3. 우리는 이 계획이 기초 상품의 가격을 안정시켜 전반적인 물가 수준 안정에 크게 기여할 것이라고 주장한다.

이 주장은 비평의 서두에서 제대로 제시되었지만 저자들은 '제안된 계획이 물가 안정을 보장할 것'이라는 주장, 즉 모든 것의 가격 안정을 보장한다는 주장을 논박한다. 하지만 우리는 애초에 그런 주장은 하지 않았기 때문에 이 점에 대해서는 짚어볼 필요가 없다.

그들은 또한 1930년대와 같이 기초 상품의 가격 하락을 방지함으로써 전반적인 물가 하락을 '다소 완화'할 수 있다는 점을 인정하면서도 다른 가격 그룹의 전반적 안정성에 영향을 미치는 수단으로 이 제안의 가치에 의문을 던진다. 예를 들어 주식 투기와 부동산 호황은 우리의 계획으로도 막을 수 없다고 지적한다. 이것은 사실이다. 나는 연방준비제도가 현재 가진 신용 통제 권한을 적절히 행사함으로써 주식과 부동산 시장에서 이러한 극단적인 상황을 피해야 한다고 주장해 왔다.

더 심각한 것은 저자들이 "상품 화폐가 물가 안정에 기여한다면, 그 수준은 단지 상품군 밖에 있는 품목들의 가격이 상품군 안에 있는 품목들과 동일하게 움직이는 정도일 것"이라고 주장한다는 점이다. 지나치게 엄격한 비판이다. 노동통계국 자료에서 가공 상품fabricated goods의 유의미한 가격 변동은 언제나 원자재 가격 변동에 가려져 있다. 이 비판은 기초 상품의 광범위한 주기적 가격 변동이 제거되면 등락폭이 훨씬 작은 완제품 가격 변동이 상당히 완화될 것이라는 우리의 주장을 의심할 아무런 근거도 제시하지 않는다. 재화보다 가격 변동이 완만한 서비스 가격(예: 임대료)의 경우 변동성 완화는 더욱 확연할 것이다.

비평에서는 가격이 안정된 상품군에 비해 다른 재화의 비용과 가격이 상승할 수 있으므로 장기적인 가격 변동은 여전히 일어날 것이라고 주장한다. 가격이 상승하는 품목을 포함하는 전반적인 물가 수준도 상승한다는 것이다. 가격 변동이 불안을 야기하지 않는 완만한 수준이라는 것을 안다면 이러한 가능성은 얼마든지 허용할 수 있을 것이다. 우리는 전체 물가 수준을 구속할 이유가 없으며, 모든 개별 가격을 동결할 이유는 더더욱 없다. 다만, 1919~1921년, 1930~1933년, 1937~1938년과 같은 재앙적인 가격 변동을 피하기 위해 감내할 수 있는 범위 내에서 가격 변동폭을 유지하는 것이 필수적이라고 강조한다. 우리는 이 계획이 실행될 것이라고 믿는다. 비평은 이 계획의 '자가 수정self-corrective' 능력을 인정하면서도 그 시기는 '상당한 부적응의 결과가 발생한 후'까지 지연될 것이라고 주장한다. 그러나 효과가 지연되는 이유에 대한 설명은 전혀 없다(금 고정 가격과 같은 준비금 메커니즘은 상품군 가치의 큰 변동을 바로잡기 위한 것이 아니라 미리 방지하기 위한 것이다).

각주에서 저자들은 조세 및 재정 정책과 같은 다른 장치를 사용하여 더 빠르고 효율적으로 가격을 안정시킬 수 있다고 제안한다. 이것은 조세 및 재정 정책이 경기 침체기에 더 나은 부양책이 될 것이라는 그들의 주장과 유사하지만 다른 주장과 마찬가지로 사실이나 논거로 입증하지 못한다.

4. 우리는 상품준비통화가 유용한 재화에 의해 뒷받침되고 유용한 재화로 전환될 수 있기 때문에 특별히 건전한 화폐가 될 것이라고 주장한다.

비평은 이러한 우리의 주장을 구체적으로 언급하지 않으며, 보유고의 비상 사용이 통화 보유고가 마땅히 제공해야 할 보호 기능을 무력화하는 것이라는 비판을 제외하고는 간접적으로도 이의를 제기하지 않는다. 이에 대한 반론은 이미 제시했다.

5. 우리는 다른 국가들에게 금 대신 상품군으로 미국에 대금을 지불하도록 허용한다면 국제 미결제 잔액 정산에 도움이 될 것이라고 믿는다. 비평은 이 계획으로 국제적 상환이 촉진될 수 있다는 점을 부정하지 않으면서도 다음과 같은 여러 가지 반대 의견과 '당혹스러운 질문'을 제기한다.

① 금 본위제와 달리 국제 상품준비통화는 자동으로 작동하지 않는다.

답변: 동의한다. 그런 주장은 하지 않았다. 가능하다면 국제 금 본위제가 복원되어야 하며 이 경우 상품준비통화가 금 본위제 운영에 도움이 될 것이다. 금 본위제가 복원될 수 없다면 그것은 금 본위제의 문제이다. 우리는 지금까지 해왔던 것처럼 통제된 거래소를 잘 활용해야 한다.

② 다른 국가들이 합리적인 가격에 금을 수용하기를 거부할 수 있다. 따라서 주장하는 것처럼 여분의 금을 상품군과 거래하지 못할 수도 있다.

답변: 그렇다면 이것 역시 금의 탓일 것이다. 비평의 주장은

통화로서 금보다 상품의 가치가 오히려 더 우월함을 입증하는 것이다. 우리 계획은 실현 가능성에 좌우되지 않는다.

③ 비평은 관세를 인상해 상품군의 유입을 제한할 수 있다는 우리의 제안에 반대한다. 그들은 “통화 당국은 관세에 대해 이 계획이 필요로 하는 수준의 통제권을 가질 가능성이 있는가?”라고 묻는다.

답변: 우리는 그러한 권한이 통화 당국에 주어져야 한다고 제안하지 않는다. 상품군의 유입을 통제하는 것은 우리 계획에서 필수가 아니며 나는 미국이 얻을 수 있는 모든 것을 수용하기를 선호한다. 단지 의회가 원할 경우 의회가 그러한 통제 수단을 사용할 수 있다고 언급했을 뿐이다.

④ 비평은 더 나아가, “미국의 경제 외교 정책을 상품준비통화 계획의 목표에 어느 정도까지 종속시켜야 하는가?”라고 질문한다.

답변: 전혀 종속시킬 필요가 없다. ‘비평’의 저자 세 사람은 종속이 필요한 이유를 언급하지 않았다. 그들은 또한 정치적 실현 가능성 문제가 대외 부채 결제 수단으로 상품군을 받는 데 방해가 될 것이라고 주장하지만 어떤 방식으로 방해가 될 것이

라는 말은 없다. 상품군으로 지급될 때 금보다 더 많은 정치적 문제가 수반될 이유는 없다.

6. 우리는 이 계획이 균형 잡힌 농업 생산을 위한 무제한 시장을 제공함으로써 농가의 문제를 해결하는 데 큰 도움이 될 것이라고 주장한다. 이것은 강제 감산, 규제, 비소구 대출, 보조금을 수반하지 않는다는 점에서 농업조정법보다 우수한 해결책이다.

비평은 이 주장을 인정하는 것처럼 보인다. 그러나 현행 농장법을 우리의 제안으로 대체하는 데는 강력한 정치적 반대가 제기될 것이라고 지적한다.

답변: 농가의 경제적 이익을 위해서는 희소성을 강조하는 농업조정법보다 균형 잡힌 풍요를 추구하는 우리의 조항이 더 도움이 될 것이지만 강력한 반대가 있으리라는 점은 인정한다. 그러나 좀 더 정확히 말하면 이것은 상품준비통화 계획 자체가 아니라 이 계획을 반대하는 사람들에 대한 비평이다.

비평은 우리의 계획이 채택되더라도 여전히 농작물을 대상으로 정치적 가격 담합이 있을 것이며, 따라서 다른 가격도 교란될 것이라고 덧붙인다.

답변: 의회가 단순히 가격이 약세인 특정 상품의 가격을 떠

받친다면 상품군을 구성하는 다른 상품의 가격 상승을 억제하는 결과를 낳을 수 있다. 이는 바람직하지 않을 수도 있지만 그다지 문제가 되지 않을 수도 있다. 다른 제품의 가격을 강제로 끌어내리는 수준이 되려면 의회가 농작물 가격을 기준 기간의 평균보다 훨씬 높게 끌어올리는 정도가 되어야 할 것이다. 그러나 그렇게 극단적인 입법은 전례가 없다. 또한 만일 그런 위험이 있다면 영향을 받는 생산자 집단이 가격 구조에 대한 부당한 공격에 맞서 격렬히 싸울 것이다. 상품군에 의해 가격 간 상호관계가 형성될 때의 이점 중 하나는 어느 한 상품을 부당하게 우대하려는 시도가 있을 경우 다른 모든 상품 생산자들로부터 즉각적이고 적절하며 격렬한 반대를 불러일으킨다는 것이다.

7. 우리는 이 제안이 자체 자금 조달, 자체 청산 및 자동적 운영이 가능하며, 상대적으로 크지 않은 보관 비용이 유일한 비용이라고 주장한다. 비평은 이 가운데 자동적 운영에 관해서만 의문을 제기한다. 비평은 ① 상품군의 주기적 개편, ② 선물의 현물 상품 대체 가능성, ③ 비축 상품의 긴급 인출, ④ 신용 통제, ⑤ 관세 등이 우리의 자동화 주장을 무효화한다고 지적한다.

답변: ① 상품군 개편은 법률에 명시된 특정 기법에 따라 이루어진다(『비축과 안정』 참고). ② 선물의 현물 대체 역시 정해진 규

칙을 따르며, 이를 통해 현금 이익을 얻을 수 있을 때마다 이행될 것이다. ③ 긴급 인출은 (나는 필요하다고 생각하지만) 선택적 조항이다. ④ 신용 통제는 우리 제안과 유기적 관계가 없다. 신용 통제가 필요하다고 해도 그 필요성은 상품-통화 메커니즘의 자동화와는 무관하다. ⑤ 관세 조정은 수입을 다루는 의회의 현재 권한을 상기시키기 위해 언급되었을 뿐이다.

요약

(매우 비우호적인) 이 비평의 전체적인 결론은 각 항목에 대한 비판이 타당한 수준만큼만 유효하다. 비평의 결론을 간략하게 언급하는 것이 최종 판단에 도움이 될 수 있다. 저자들은 우리의 제안이 "금 본위제의 악덕을 배가하고 미덕을 훼손할 것"이라고 우려한다. 과격한 발언이지만 곧바로 뒤이어 전통적인 통화 정책, 즉 금 본위제가 불황에 대처하기에는 부적절하다고 시인하며, 상품 비축 메커니즘이 불황기에 자동적이고 자립적인 보험이 될 것이라고 인정하고 있다.

모든 평가에서 중요한 것은 장점과 단점의 상대적 중요도이다. 비평은 우리 계획의 다음 여섯 가지 주요 장점을 인정한다.

① 비축 상품의 가격 변동을 억제한다. ② 전반적인 물가 하락을 다소 완화한다. ③ 국제 부채 상환을 용이하게 한다. ④ 기존 농가 지원 프로그램에 대한 주요 비판을 충족한다. ⑤ 불황기에 원자재 생산을 자동으로 자극한다. ⑥ 비상시 사용할 수 있는 기초 재화의 비축분을 형성한다.

비평은 가격 안정화가 만능이 아니라는 점, 자동적 운영이 모든 면에서 100% 완벽하지 않다는 점, 비상시에 비축 상품이 소진될 수 있다는 점 등을 들어 이 계획의 장점을 반박한다. 하지만 이러한 반박이 옳은지 여부를 떠나, 이것은 그들이 인정하는 장점의 중요성에 비하면 부차적인 문제가 아닐까. 날카로운 말과 '성가신 많은 새로운 문제'라는 애매한 표현에 균형을 잃어서는 안 된다. 필자는 이 답변을 통해 이들의 비평보다 좀 더 건전한 관점에서 독자들이 우리 제안의 장점과 단점을 보게 되기를 바란다.

부록 4-3

국제 가격 안정화 목표*

케인스 경
(《이코노믹 저널》에서 전재함)

가격 안정성을 확보하기 위한 수단으로서 경직된 금 본위제에 대해 제기되는 불만은 크게 두 가지이다. 첫 번째는 적절한 수량의 화폐를 적절한 만큼 제공하지 않는다는 것이다. 이는 화폐 수량설Quantity Theory of Money** 지지자들이 늘 제기하는 익숙하고 구태의연한 비판이다. 이들을 만족시키는 방법은 당연히 금이나 이에 상응하는 화폐의 양을 적절히 변화시키는 계획을 고안하는 것이다. 예를 들어 60년 전 마셜의 계표본위tabular standard, 40년 전 어빙 피셔의 보상된 달러화compensated dollar*** 또는 《이코노믹스 저널》에 발표된 논문에서 하이에크 교수가 설

* 《이코노믹스 저널》, 6~9월호, 1943, pp. 185~187.

** 물가 수준이 화폐 수량의 변화에 비례한다는 이론이다.

*** 금으로 측정한 달러화 가치를 변동시켜 물가 변동을 상쇄할 수 있도록 경기에 따라 연준이 달러화 발행 규모를 늘리거나 줄일 수 있도록 하자는 주장이다.

명한 상품본위제commodity standard가 있다.

만성적인 국제 통화 부족을 해결하기 위한 수단으로서 국제 청산동맹의 장점은 유통량이 아닌 유통 속도를 활용한다는 것이다. 대량의 화폐는 사재기, 우발 상황에 대비한 준비금, 구매와 지급 시기 사이의 불가피한 시차를 메우는 용도로만 필요하다. 사재기가 억제되고 당좌거래를 통해 우발적 상황에 대비한 준비금이 제공된다면 매우 적은 규모의 신용 공여로도 중앙은행들 사이의 청산이 충분히 가능할 수 있다. 만일 결제은행이 완전히 성공했다면 중앙은행들은 상당한 수량의 국제 통화를 불필요한 것으로 만들어 처리했을 것이다. 물론 사재기에 대한 불이익을 더욱 강화해 시스템을 개선할 수도 있다.

그러나 또 다른 관점에서 보면 국가의 물가 수준은 주로 임금 수준과 국가의 효율성에 의해 결정된다. 좀 더 일반적으로는 국가 통화상품군의 관점에서 화폐 비용과 효율성의 관계에 의해 결정된다. 물가 수준이 화폐 비용에 의해 결정된다면 '적절한' 통화량은 물가 안정의 필요 조건이기는 하지만 충분 조건은 아니라는 결론이 나온다. 먼저 화폐-임금(및 기타 비용)과 효율성의 관계가 안정되어야 물가를 안정시킬 수 있기 때문이다.

금 본위제에 대한 두 번째 (그리고 좀 더 최근에 제기된) 불만은 통화량에 의해 설정된 한계 이상으로 임금이 상승하는 자연스러운 경향을 금 본위제가 제한하려고 하지만 그것은 고의적인 실업 창출이라는 무기를 사용해야만 가능하다는 것이다. 이것은 세계가 시도한 끝에 폐기하기로 결정한 무기이다. 그리고 기존의 금 본위제에 대한 불만과 마찬가지로, 물가를 안정시키는 데 적합한 통화량 공급을 목표로 하는 새로운 표준에 대해서도 이러한 불만은 유효할 수 있다.

따라서 가격 안정화 측면에서 국제 통화 프로젝트의 목표는 다소 제한적이다. 국제 통화가 목표로 하는 것은 엄밀한 의미의 가격 안정화가 아니다. 방코르나 유니타스로 보았듯이, 금 본위제와 같이 국내에서 달러 화폐로 지불하는 비용money cost에 영향을 미치는 방식이 아니라면 국제 가격의 안정화가 곧 국내 가격의 안정화로 이어질 수는 없기 때문이다. 또한 이처럼 회원국의 실제 물가 수준이 안정되지 않는다면 국제 상품군의 국제 가격 안정화는 큰 의미가 없다.

따라서 국제 통화 제도의 주요 목표는 ①채권국으로 금이 유출되며 만성적인 국제 통화 부족으로 이어진 폐해, ② 각국이 국내 효율성 비용을 안정시키지 못하고, 재량껏 사용할 수 있는 질서 있는 조정 수단이 없는 상태에서 각국의 임금 정책이 보조를 맞추지 못하며 오는 폐해를 방지하는 것이어야 한다. 질서 있는 조정이 가능하다는 것은 금 본위제와 달리 각국이 원하는 경우 서로 다른 임금 정책과 그에 따른 물가 정책을 각각 추구할 수 있다는 의미이다.

국제 통화 제도에는 경험을 통해서만 제대로 된 해결이 가능한 더욱 어려운 과제가 있다. 바로 회원국 각자의 국내 임금 및 신용 정책과 보조를 맞추는 문제이다. 이 문제를 해결하기 위해, 너무 앞서가든 뒤처지든 심각하게 보조를 맞추지 못하는 국가에 정책을 재고하도록 요청할 수 있다. 그러나 필요하다면 (효율 임금 요율이 확연하게 다른 속도로 움직일 경우 필요하다) 환율을 조정해 해당 국가의 정책을 평균 속도에 맞추어야 한다. 고정환율제에서 환율이 일정한 수준을 제대로 유지하고 있다면 국가별 상품군 노동 비용의 차이가 유일한 주요 불균형일 가능성이 높다. 이때 고정환율 수준을 조정하는 것이 적절한 해결책이 될 수 있다.

따라서 국제 통화 제도는 환율을 안정시키는 측면에서는 더할 나위 없이 잘 작동할 수 있지만 물가는 크게 변동할 수 있다. 임금과 물가가 모든 곳에서 똑같이 두 배로 상승한다면 국제 환율 균형은 깨지지 않는다. 특정 국가의 효율 임금 요율이 표준보다 10% 더 상승한다면 이는 주의가 필요한 문제가 있다는 뜻이다.

이처럼 국제 통화 제도의 목표를 제한하는 근본적인 이유는 외부로부터 안정적인 가격 수준을 부여하는 것이 불가능하거나 적어도 바람직하지 않기 때문이다. 금 본위제의 오류는 국가의 임금 정책을 외부의 지시에 맡기는 데 있었다. 국내 물가 안정이나 불안정은 국내 정책과 정치의 문제로 간주하는 것이 현명하다. 상품본위제가 이를 외부에서 강요하려고 한다면 경직된 금 본위제처럼 실패할 것이 확실하다.

일부 국가는 다른 국가보다 성공적으로 국내 가격의 안정성과 효율 임금 수준을 유지할 것이다. 이처럼 불평등한 성공은 국제기구에 최악의 골칫거리를 제공할 것이다. 공산주의 국가는 이를 성공적으로 달성할 수 있는 위치에 있다. 자본주의 국가는 완전 고용 여건에서 점진적인 임금 인상을 막을 수 없기 때문에 국내 물가 안정과 효율 임금 유지에 실패할 수 밖에 없다는 주장도 있다. 이제껏 효율 임금을 꽤 안정적인 범위 내에서 유지하는 데 효과를 발휘한 유일한 수단은 심각한 경기 침체와 반복되는 실직 상태라는 것이 이들의 견해이다. 과연 그럴지는 미지수이다. 우리가 이 문제를 더욱 깊이 의식할수록 문제를 극복할 가능성은 더욱 높아질 것이다.

부록 4-4

장기적 가격 안정화 목표

벤저민 그레이엄

하이에크 교수의 글에 대한 케인스 경의 '논평'은 물가 수준의 장기적 안정 자체가 바람직하지 않다고 암시하는 것처럼 보여서 나를 비롯한 많은 사람을 다소 놀라게 했다. 반복되는 실업을 방지하기 위해 효율 임금efficiency-wages(생산 상품군당 임금 비용)과 그에 따른 판매 가격의 꾸준한 상승이 필요하기 때문이라는 것이 이유인 것 같았다. 케인스 경은 나에게 개인적으로 편지를 보내 자신의 견해를 명확히 밝혔다. 다음에 인용한 케인스 경의 주장과 첨부된 논의는 출판된 논평과 편지 내용을 바탕으로 한 것이다.

케인스 경은 단기 가격의 폭넓은 변동을 억제할 필요성을 강력히 옹호하며, 이를 위해 다양한 상품을 완충재고로 활용해야 한다는 데 동의한다. 그러나 장기적으로 안정적인 가격 수준을 유지하려면 금 본위제와 같은 완충재고 상품 본위제로는 해결하기 어려운 문제가 있다고 보았다. 그의 주장은 다음과 같이 요약할 수 있다.

1. 효율 임금이 크게 상승하면 상품준비통화가 있어도 물가 수준은 상승할 것이다.

2. 그러므로 상품준비통화를 장기적으로 운용하기 위해서는 노동조합의 과도한 임금 인상 압력을 견뎌 내야 한다. 과거 사례를 바탕으로 실업의 경험과 실업에 대한 두려움을 통해서만 노조의 압력을 견딜 수 있었다는 주장도 있다. 이런 점에서 상품준비통화는 금준비통화와 동일한 비판에 직면한다.

3. 국가는 정책적으로 효율 임금을 가능한 한 안정적으로 유지하려고 노력해야 한다. 여기에는 경제적 요인뿐만 아니라 정치적 요인에 대한 고려가 필요하다. 노동계는 정부가 국제 은행가들의 눈치를 보거나 적어도 국제적인 지시에 따라 자신들의 임금 인상 요구가 거부되고 실업이 발생했다고 주장할 것이다. 따라서 상품 기반 국제 통화 체계는 반대에 부딪힐 수 있다.

논리는 크게 두 부분으로 나뉜다. 첫 번째는 장기적인 가격 안정성의 실현 가능성에 관한 것이다. 두 번째는 가격 안정성이라는 목적을 위한 국제 메커니즘의 정치적 편의주의에 관한 것이다.

물론 효율 임금이 급격히 상승하면 장기적인 가격 안정화가 불가능할 수 있다는 것은 사실이다. 이것은 얼마나 현실적인 위험일까? 지난 150년 동안 노동의 대가로 받는 화폐액, 즉 명목 임금이 지속적으로 크게 상승한 것과 같은 수준으로 상품군 비용이 상승했다는 통계적 증거는 적어도 미국에는 없다. 미국은 임금 자유주의의 선두주자였다. 잘 알려진 바와 같이, 도매 가격 수준에서 장기적 상승세는 찾아볼 수 없다. 전쟁으로 인한 가격 급등 후 이전 수준으로 되돌아가는 패턴이 반복되고 있다.

이제 노동계는 임금이 효율성을 달성하는 수준보다 더 빠르게 상승하므로 물가 수준을 꾸준히 끌어올려야 한다고 강요할 것인가? 그럴 수도 있겠지만 노동조합의 영리한 지도부는 조합의 진정한 이익이 다른 곳에 있다는 것을 알고 있다. 안정적인 물가 수준이라는 틀 안에서 명목 임금이 지속적으로 상승하는 원인은 시간당 생산량 증가, 상품군당 기타 비용 감소, 장기 금리 하락에 따른 이윤 감소 등 세 가지 요인에서 찾을 수 있다. 이처럼 자유주의적 한계를 넘어서는 임금 상승은 자기 파괴적인 결과로 이어질 가능성이 높다. 결과적으로 물가가 상승해 틀림없이 실질 임금이 낮아질 것이기 때문이다.

또한 상품준비통화는 안정적인 물가와 양립할 수 있는 수준을 넘어서는 임금 상승을 바로잡기 위해 일정한 압력을 행사할 것이다. 이러한 상황으로 인해 한계생산자가 고정된 가격에 상품군을 공급하는 것이 더 이상 불가능해지면 생산자 중 상당수가 문을 닫아야 할 것이고 따라서 과도한 임금 상승은 실업을 초래할 것이다. 이는 우리 경제에서 항상 발생하는 시정 조치의 유형으로 개별 설비와 산업의 평시 노동 수요를 합리적인 범위 내에서 유지하기 위해 작동하는 기본적인 경쟁적 요소이다.

그러나 시정 조치로 한계 생산자들이 생산을 중단하더라도 이는 무역 사이클과 관련된 광범위한 실업의 반복과는 결코 같지 않을 것이다. 광범위한 실업은 대부분의 효율적인 기업조차도 수익성 있는 생산을 불가능하게 만드는 심각한 가격 하락에서 비롯된다. 상품군을 고정된 가격에 매입하는 비축 메커니즘은 그 자체로 이러한 유형의 가격 붕괴를 방지할 수 있다. 따라서 임금 상승을 시정하려는 압력은 비교적 온건할 수밖에 없으며 상품군의 고정 가격과 생산 비용 사이에 관계가 재설정되는 즉시 완화될 것이다.

여기서 하이에크 교수와 같이 금 본위제와 상품준비통화의 고용 측면을 각각 구분하는 것이 중요하다. 금 본위제가 시정 조치적 실업을 유발할 경우 그 힘을 빠르게 견제할 수 있는 수단이 없다. 금 본위제는 상대적으로 규모가 작은 금광 산업에서만 직접적으로 고용을 촉진할 수 있다. 상품준비통화는 임금 요구가 물가 수준과 양립할 수 있는 경우에 한해 국내 노동자 상당수에게 직접적이고 안정적인 고용을 제공할 것이다.

물론 상품 보유고 메커니즘은 구성 상품의 가격과 임금 요율에만 직접적인 영향을 미친다는 점을 덧붙인다. 이론적으로 다른 상품 및 서비스의 임금 비용과 가격은 완전히 독립적인 패턴을 따를 수 있다. 그러나 실제로는 경쟁적 요소가 작동해 완제품 분야에서도 원자재 분야와 거의 동일한 임금 및 가격 패턴을 따르게 될 것이 확실하다. 상품준비통화가 기초 상품의 가격을 단기 및 장기적으로 안정시킬 수 있다면 다른 영역에서도 간접적으로 충분한 수준의 가격 안정화가 가능할 것이다.

케인스 경의 주장의 두 번째 측면으로 돌아가서, 물가 수준의 안정을 위한 국제적 계획에 정치적 위험이 내재되어 있다고 해도 이를 피하기란 그다지 어렵지 않을 것이다. 국내의 가격 안정을 외부에서 강요하는 것은 당연히 현명하지 않다. 하이에크 교수는 공식적인 국제 행동으로서 상품준비통화 계획을 채택할 수 없다면 그 대안으로 모든 주요 국가가 각자 같은 원칙에 따라 이 계획을 운영해 실질적으로 동일한 효과를 거둘 수 있다고 제안했다. 그렇게 되면 외부에서 안정된 가격을 부여하는 데 이의가 없을 것이다. 오로지 미국만이 안정적인 가격 수준을 유지하고 달러-방코르 환율이 일정하게 유지된다면 방코르로 표현되는 안정적인 국제 가격을 갖게 될 것임을 어렵지 않게 지적할 수 있다. 이것이 다른 국가에 미치는 영향에 대해서는 다양한 견해가 있을 수 있다.

실제로 필자는 곧 발표할 논문에서 완충재고 메커니즘을 사용하여 국제 상품군의 가치를 방코르, 유니타스 또는 미국 달러로 안정화할 것을 제안하고 있다. 만약 그렇게 된다면 이들 전후 통화가 상품군 및 미국 달러에 대해 영구적인 동등성을 가질 것인지 여부를 결정하는 것은 영국을 비롯한 다른 관련국이 될 것이다. 어떤 경우든 달러-스털링 환율에 대한 결정이 내려져야 한다. 기초 상품 대비 미국 달러의 가치가 고정된다는 이유만으로 영국의 문제가 더욱 어려워져서는 안 된다. 세계 상품 가격이 불안정할 때보다 장기적으로 안정될 때, 장기적인 외환 안정성도 더욱 쉽게 달성될 것이다.

| 참고문헌 |

1장

1. Report of the Committee for the Study of Raw Materials, Series of League of Nations Publications, 1937, II.B.7; Report on Certain Aspects of the Raw Materials Problem, League of Nations Document C.51, M.18. 1922; E. Dennery, rapporteur, Le Problèeme des matières premières, Institut International de Cooperation Intellectuelle, Société des Nations, Prais, 1939.
2. V. Co. Wickizer, The World Coffee Economy, Food Research Institute, Stanford University, August, 1943, p. 14.
3. Daily Index No. of Basic Commodities Prices, U.S. Bureau of Labor Statistics (August 1939=100).
4. Cf. "Inflation Prospects and Investment Policy", Commercial and Financial Chronicle, Dec. 21, 1943, p. 1.
5. After the War-1919-1920, National Resources Planning Board, June, 1943. p. 45.
6. Commercial Policy in the Interwar Period, League of Nations, 1942
7. The Economist, London, Dec. 4, 1943, p. 751.

2장

1. "United States—United Kingdom Lend-lease Agreement", Art. VI.
2. J. Anton De Haas, "Economic Peace through Private Agreements", Harvard Business Review, Winter, 1944, p. 149.

3. artcile, "World Cartel", in The Wall Street Journal, Jan. 13, 1944, pp. 1, 6.
4. Department of State Bulletin, June 19, 1943.

3장

1. "Raw Materials: War and Post-war", in State Department Bulletin, Apr. 24, 1943, p. 342.
2. Address to American Finance Conference, Nov. 17, 1943.
3. Storage and Stability, New York, 1937, p.250.
4. ibid., pp. 26-32.
5. Cf. ibid., pp. 32, 241-242.
6. Mr. Batt's address before the Bond Club, New York City, Feb. 23, 1944.
7. Business Week, Dec. 11, 1943, pp. 42, 44; The Wall Street Journal, Jan. 6, 1944, p. 1.
8. Storage and Stability, pp. 183-188.
9. article 3. "RFC War Loans Set at $11.5 Billion up to March 7", in the Wall Street Journal, Mar 23, 1942, and "Mountain of Metal", ibid., July 17, 1944, p. 1.
10. article, "Wool Piles Up", in Business Week, Feb. 5, 1944, pp. 41-43; also article, "Smothered in Wool", in the Wall Street Journal, Apr. 24, 1944, p. 1. Cf. The Government and Wool, 1917-1920, Agricultural History Series 6, U.S. Department of Agriculture, August 1943.
11. Cf. "Metal Men Ponder Stockpile Program", New York Times, Dec. 12, 1943, 5:I.
12. Newsweek, Nov. 22, 1943, p. 18.
13. The Times, London

4장

1. J. C. L. Rowe, Markets and Men, New York, 1936, pp. 166, 167.
2. The Wall Street Journal, Aug. 21, 1943, p. 1.
3. "Report on Reconstruction", British Chamber of Commerce, New York, 1942.
4. The Wall Street Journal, May 27, 1943.

5장

1. Storage and Stability, p. 275
2. Ibid., p. 98-104
3. Quoted in The Times, London, Jan. 11, 1944, p.7
4. Report of Section II. Expansion of Production and Adaptation to Consumption Needs, Department of State Publication 1948, Conference Series 52, Washington, 1943, pp. 52ff.
5. J. Backman, "Government Control of Prices", in Planned Society, New York, 1937, Chapter XI.

6장

1. "World Institutions for Stability and Expansion," Foreign Affairs, January, 1944, pp. 248-258.
2. Dean Acheson, quoted in The New York Times, May 25, 1944.
3. Report of the Royal Gold and Silver Commission, 1888, pp. 126-127.
4. Cf. Planning Pamphlet 23, "Public Thinking on Post-war Problem", National Planning Association, October, 1943.

7장

1. Money and the Mechanism of Exchange, p. 320.
2. Colin Clark, The Conditions of Economic Progress, London, 1940.

8장

1. Joint Statement of Experts on the Establishment of an International Monetary Fund, published by U.S. Treasury, Apr. 21, 1944.
2. A proposal for an International Stabilization Fund, etc., revised July 10, 1943, U.S. Treasury.
3. British proposals for an International Clearing Union, Apr. 8, 1943, British Information Services, New York City (Section 39).
4. Ibid., Section 5.

9장

1. Quoted by The Economist, London, Dec. 11, 1943, p. 78.
2. Jacob Viner, "Two Plans for International Monetary Stabilization", Yale Review, Autumn, 1943.
3. Hans Neisser, "An International Reserve Bank", Social Research, New York, September, 1943.
4. F. A. Lutz, The Keynes-White Proposals, Princeton University, July, 1943.
5. Lord Keynes in Parliamentary Debates on an International Clearing Union, British Information Services, New York, July, 1943, p. 80.
6. The Economist, London, Aug. 28, 1943, pp. 261-262.

7. Federal Reserve Bulletin, April, 1944, p. 400.
8. "A Commodity Reserve Currency", The Economist Journal, June-September, 1943, pp. 176-184.
9. F. H. Brownell, chairman, American Smelting & Refining Company, In pamphlet entitled "International Bimetallism", New York, 1944.
10. "British Proposals", op. cit. 6-(8)-6.
11. "U.S. Treasury Proposal", op. cit. V-1-c.

10장

1. Wall Street Journal, Jan. 16, 1944, p. 1.
2. Preliminary Draft Outline of a Proposal for a Unite Nations Bank for Reconstruction and Development, U.S. Treasury November 1943.
3. Cf. "Stavilized Reflation", The Economic Forum, Spring, 1933; Storage and Stability-A Modern Ever-normal Granaray, New York, 1937.
4. Alvin Johnson's Preface to Storage and Stability.
5. Frank D. Graham, Social Goals and Economic Institutions, Princeton University, 192; Fundamentals of International Monetary Policy, reprinted by the Monetary Standards Inquiry, New Your, October 1943.
6. V. I. King, The Causes of Economic Fluctuations, New York, 1938
7. R. A. Lester, Monetary Experiments, Princeton University, 1939
8. E. E. Agger, "Money and Banking Today", New York, 1941.
9. H. I. Reed, Money, Currency, and Banking, Chap. XXXIX.
10. "A Commodity Reserve Currency", The Economic Journal,

June-September, 1943.
11. Address at the twenty-ninth National Foreign Trade Convention, Boston, Oct. 7-9, 1942.
12. The New York Sun, June 1943.
13. The New International Wheat Agreements, Food Research Institute, Stanford University, 1943, Sec. IV.
14. The New International Wheat Agreements, Food Research Institute, Stanford University, 1943, Sec. IV. p. 54.
15. H. G. Moulton, Income and Economic Progress, The Brookings Institution, Washington, 1935.
16. Cf. Secretary Morgenthau's Foreword to the Revised White Plan, July 10, 1943; Keynes Plan (quoted Chp. VIII, p.86)
17. Pubilshed by the Foreign Policy Association New York, 1934
18. Address of the Hon. W. Chatfield-Taylor, before the World Trade Luncheon, New York, May 18, 1942, p. 8.
19. Cf. "A Commodity Reserve Currency", op. cit., p.184
20. Reprinted by The Economists National Committee on Monetary Policy, New York, 1943.
21. Monetary Reform in Theory and Practice, London, 1936, p. 209.
22. The Times, London, Feb. 15, 1943
23. Foreign Commerce Weekly, Sept. 25, 1943, p. 17.
24. The Financial News, London, Feb. 1, 1944, p. 2.
25. The Times, London, July 8, 1942, p. 5.
26. Cf. W. I. King, The Causes of Economic Fluctuations, op. cit.
27. Agenda for a Post-war World, New York, 1942, p. 102.
28. Report of Section III. United Nations Conference on Food and Agriculture

벤저민 그레이엄의 연보

1894년 5월 9일. 아이작 그로스바움과 도라 그로스바움의 삼 형제 중 막내로 출생.

1895년 영국 런던에서 미국 뉴욕으로 가족 모두가 이주함.

1903년 아버지가 35세의 나이에 췌장암으로 사망함.

1907년 어머니가 전 재산을 긁어모아 매수한 주식이 1907년 대공황으로 폭락함.

1911년 컬럼비아 대학교 입학.

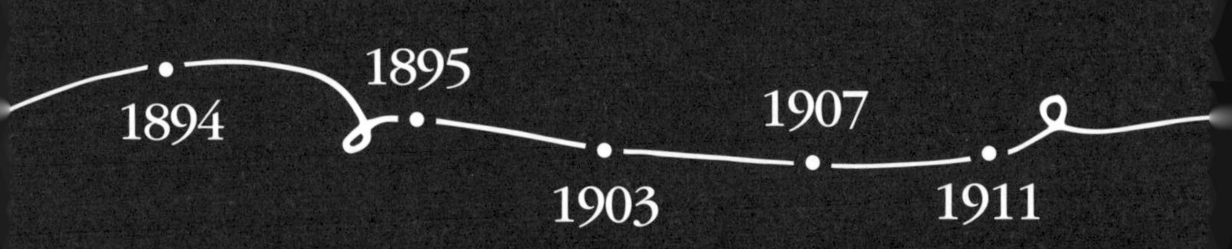

Benjamin Graham's Life Timeline

1914년 컬럼비아 대학교 졸업.
반유대주의, 반독일주의를 피해 그로스바움Grossbaum에서 그레이엄Graham으로 개명.
뉴버거Newburger, 헨더슨Henderson & 롭Loeb 증권사에서 주당 12달러를 받고 증권과 수표 전달, 채권 발행에 관해 설명을 작성하는 일을 맡음.

1920년 뉴버거, 헨더슨 & 롭 증권사의 파트너 자리에 오름.(당시 연봉은 60만 달러였음)

1923년 뉴버거 증권사를 그만두고 루이스 해리스Louis Harris에게 투자를 받아 그레이엄 코퍼레이션Graham Corp. 설립.

1925년 그레이엄 코퍼레이션 해산.

1914 1920 1923 1925

벤저민 그레이엄의 연보

1927년 9살 큰아들 사망.
컬럼비아 대학교에서 '증권분석' 강의 시작.

1929년 대공황, 주식 시장 붕괴로 거의 파산 직전에 몰림.

1934년 데이비드 도드와 함께 『증권분석』 출간.

1936년 제롬 뉴먼Jerome Newman과 함께 투자 회사 그레이엄-뉴먼 코퍼레이션Graham-Newman Corporation을 설립(1956년 회사 청산 전까지 연평균 수익률은 20%였음).

1927 1929 1934 1936

Benjamin Graham's Life Timeline

1937년 『비축과 안정Storage and Stability』 출간.

1939년 『증권분석』 개정 2판 출간.

1944년 『세계 상품과 세계 통화』 출간.

1949년 『현명한 투자자』 출간.
제자 워런 버핏Warren Edward Buffett과 만남.

1956년 그레이엄-뉴먼 코퍼레이션 해산, 투자자 은퇴.
캘리포니아 UCLA 경영대학원 교수 임용.

1976년 9월 21일 82세의 일기로 별세.

벤저민 그레이엄

세계 상품과 세계 통화

초판 1쇄 발행 2023년 9월 4일

지은이 벤저민 그레이엄
옮긴이 김인정
펴낸이 김선준

책임편집 정슬기
편집팀 송병규, 이희산
마케팅팀 이진규, 권두리, 신동빈
홍보팀 한보라, 이은정, 유채원, 권희, 유준상, 박지훈
디자인 김세민 **일러스트** 그림요정더최광렬
경영관리팀 송현주, 권송이

펴낸곳 페이지2북스 **출판등록** 2019년 4월 25일 제 2019-000129호
주소 서울시 영등포구 여의대로 108 파크원타워1. 28층
전화 02) 2668-5855 **팩스** 070) 4170-4865
이메일 page2books@naver.com
종이 ㈜월드페이퍼 **인쇄·제본** 한영문화사

ISBN 979-11-6985-033-9 (04320)
979-11-90977-97-5 (세트)